AF635667

Dansk for dig neu

Dänisch für Anfänger

Lösungsheft

A1–A2

von
Inke Hach-Rathjens

Beratung von
Else-Maria Christensen

Ernst Klett Sprachen
Stuttgart

Autorin Inke Hach-Rathjens
Ausspracheteil Linda Pedersen
Beratung Else-Maria Christensen

Redaktion Linda Pedersen, Hamburg; Michael Krumm, Lüneburg
Lektorat MK Lektorat & Redaktion, Lüneburg; Helle Vester, Aarhus
Layoutkonzeption grundmanngestaltung, Karlsruhe
Illustrationen Gregor Schöner, Bremen
Gestaltung und Satz grundmanngestaltung, Karlsruhe
Umschlaggestaltung grundmanngestaltung, Karlsruhe
Reproduktion Meyle + Müller GmbH + Co. KG, Pforzheim
Titelbild Avenue Images GmbH RF (Johnér/Naturbild/Etsabild), Hamburg

Informationen und zu diesem Titel passende Produkte finden Sie auf www.klett-sprachen.de/danskfordig

1. Auflage 1 8 7 6 | 2026 25 24

Druck und Bindung Elanders Waiblingen GmbH

ISBN 978-3-12-528973-4

9 783125 289734

Liebe Lernerinnen, liebe Lerner des Dänischen,

dieses Heft enthält die Lösungen zu den Übungen in Kursbuch (ISBN 978-3-12-528971-0) und Übungsbuch (978-3-12-528972-7) von Dansk for dig neu, dem Dänisch-Lehrwerk für Anfänger.

Außerdem finden Sie in diesem Lösungsheft die Transkriptionen aller nicht in Kurs- und Übungsbuch abgedruckten Hörtexte.

Wir wünschen Ihnen viel Spaß
und Erfolg beim Dänischlernen!

Ihre Autorin,
Ihre Redaktion

Inhalt

Lösungen zum Kursbuch

Lösungen zum Übungsbuch

Lösungen zum Kursbuch

1 Det første møde

A2a
1b • 2b • 3a • 4b • 5b • 6a

B1
1. italiensk • 2. tyrkisk • 3. dansk • 4. fransk • 5. tysk • 6. engelsk • 7. russisk • 8. græsk

B3
Grafik: siehe unten

C1a
0 = nul • 1 = en • 2 = to • 3 = tre • 4 = fire • 5 = fem • 6 = seks • 7 = syv • 8 = otte • 9 = ni • 10 = ti • 11 = elleve • 12 = tolv

C1b
a. 12 • b. 8 • c. 3 • d. 7 • e. 1 • f. 11 • g. 10 • h. 5

C3
1. • Goddag. Mit navn er Birgit Schröder.
2. • Goddag. Jette Nyholm. Hvor kommer du fra?
3. • Jeg kommer fra Tyskland, fra Rostock. Og hvad med dig?
4. • Jeg kommer fra Tønder i Jylland. Taler du dansk?
5. • Ja, jeg går til dansk på aftenskole.
6. • Bor du i Danmark?
7. • Nej, jeg er på ferie. Taler du tysk?
8. • Ja, tysk og engelsk. Og lidt spansk.
9. • Imponerende!

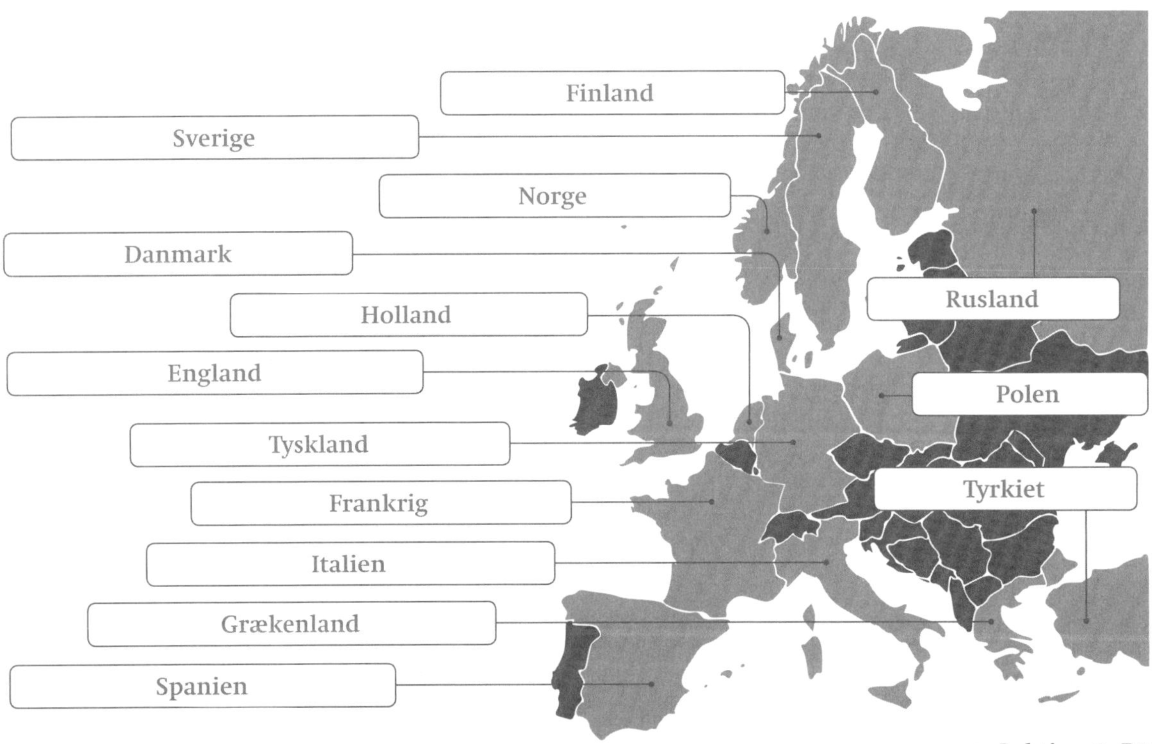

▸ Lektion 1; B3

2 At lære hinanden at kende

Auftakt
1. Bornholm med Rønne • 3. Fyn med Faaborg • 4. Langeland med Bagenkop • 6. Sjælland med København • 7. Vendsyssel-Thy med Frederikshavn

Transkription
Danmark er et land med mange øer. For eksempel Sjælland, hvor København ligger. På Bornholm ligger Rønne. Bagenkop finder du på Langeland. Vil du finde Faaborg, må du rejse til Fyn. Og ved du, hvor Frederikshavn ligger? På Vendsyssel-Thy.

A1a
1. Erik og Birthe kommer fra Sønderborg.
2. Birthe er Eriks kone.
3. Lenes mand hedder Svend.
4. Lene kommer fra Maribo.
5. Vindebæk ligger på Møn.

A1b
- Hej!
- **Hej!**
- Hvad hedder I?
- Mit navn er Lene, og **det** er min mand Svend. Og hvad hedder **I**?
- Jeg **hedder** Erik, og det er min kone Birthe.
- **Hvor** kommer I fra?
- Vi **er** fra Sønderborg. Og hvor kommer I **fra**?
- **Vi** bor i Ribe, men jeg kommer fra Maribo. Og Svend kommer fra Vindebæk.
- Hvor ligger det?
- Det ligger **på** Møn.

A3
1. a. • 2. b. • 3. a. • 4. b. • 5. a. • 6. b. • 7. b.

A4

	Singular	Plural
1. Person	jeg (ich)	vi (wir)
2. Person	du (du)	I (ihr)
2. Person (formell)	De	(Sie)
3. Person	han (er) hun (sie) den, det (das; er / sie / es)	de (sie)

B1
A, C, H, J, K, V, W, X, Y, Z, Æ, Ø, Å

B4
navne: 1. Emilie • 2. Liv • 3. Josefine • 4. Gustav • 5. Kjeld • 6. Rasmus
bynavne: 1. Haderslev • 2. Tønder • 3. Aarhus

C2a
13 = tretten • 14 = fjorten • 15 = femten • 16 = seksten • 17 = sytten • 18 = atten • 9 = nitten • 20 = tyve

C2b
a. 15 • b. 20 • c. 18 • d. 14 • e. 17 • f. 13

3 Noget at drikke og at spise

A1
i en kande: kaffe, varm chokolade, te, urtete
i en flaske: øl, sodavand, vin, danskvand, juice, vand
i en kop: kaffe, varm chokolade, te, urtete
i et bæger: kaffe, varm chokolade, te, urtete
i et glas: øl, sodavand, vin, danskvand, juice, fadøl, vand

A3
1. forkert • 2. forkert • 3. rigtigt • 4. ikke i teksten • 5. ikke i teksten • 6. rigtigt • 7. rigtigt • 8. forkert

Transkription
Anne og Morten Hansen bor i København. De er gift, og de har tre børn: Emilie, Rasmus og Josefine. Lille Josefine er et spædbarn. Det er fredag eftermiddag, og Anne er i køkkenet. Hun sidder og skriver en indkøbsliste. Hvad skal hun købe ind til morgenmad? Hun har brug for kaffe. Morten og Anne kan bedst lide at drikke kaffe til morgenmad. Og hun skal købe mælk, fordi Emilie og Rasmus drikker kakao. Okay. Hvad skal de spise til morgenmad? I hvert fald skal hun købe et franskbrød og et rugbrød. Anne har også brug for en bakke æg, fordi alle kan lide at spise æg om søndagen. Morten spiser yoghurt med mysli, derfor skal Anne også købe to bægre yoghurt. Og hun har også brug for to pakker smør. ▸▸

Søndag morgen skal Morten købe otte rundstykker og to stykker wienerbrød hos bageren.

A5

21 = enogtyve • 22 = toogtyve • 23 = treogtyve • 24 = fireogtyve • 30 = tredive • 40 = fyrre • 50 = halvtres • 60 = treds • 70 = halvfjerds • 80 = firs • 90 = halvfems • 100 = (et) hundrede

B1

et stykke smørrebrød, franskbrød, gulerodskage, chokoladekage, citronkage • en kyllingesandwich, en laksesandwich, en skinkesandwich • (en citronkage, en chokoladekage, en gulerodskage)

B2

MENUKORT

drikke

en kop kaffe	21 kr.
en kande te	**34** kr.
en kop varm chokolade med flødeskum	27 kr.
en flaske danskvand	**34** kr.
en flaske sodavand (Cola, Fanta, Sprite)	36 kr.
et glas juice	**28** kr.
et glas vin	39 kr.
en flaske øl	**42** kr.

retter

en sandwich med skinke og ost	58 kr.
en kyllingesandwich	**69** kr.
et stykke smørrebrød med æg og rejer	79 kr.
et stykke smørrebrød med leverpostej	**65** kr.
en grillpølse i svøb	**28** kr.
en hotdog med pølse i svøb	29 kr.
to hjemmelavede frikadeller med kartoffelsalat	**68** kr.
en kyllingesalat med pommes frites og dressing	84 kr.

C1

- Goddag.
- Goddag. Hvad skal det **være**?
- Jeg vil gerne **have** en sandwich med laks. Kan jeg også **få** en fadøl?
- Nej, desværre, men du kan få en øl **på** flaske til 23 kroner.
- Det er fint. Jeg vil gerne **betale** med det samme. Hvor meget **bliver** det?
- Det bliver 75 kroner.
- **Værsgo.** Her er 80 kroner. Det **passer**.
- Mange **tak**.
- **Selv** tak.

C2

1. T: Hvad skal det være?
   G: Jeg skal have … .
2. T: Vil du have sukker og mælk?
   G: Ja tak. / Nej tak.
3. G: Må jeg få lidt fløde til?
   T: Ja, selvfølgelig.
4. G: Kan jeg få salt og pæber?
   T: Ja, selvfølgelig.
5. G: Hvor meget bliver det?
   T: Det bliver … .
6. T: Mange tak.
   G: Selv tak.

4 Fritid og ferie

A2

1. = dialog 4 • 2. = dialog 3 • 3. = dialog 1 • 4. = dialog 2

A3

1. morgen • 2. übermorgen • 3. am Wochenende • 4. nächste Woche • 5. in drei Tagen • 6. in drei Wochen • 7. in einem Monat • 8. nächsten Sommer • 9. nächstes Jahr

B4

1. Wann benutzt man *min* und *din*?
   Wenn wir ein en-Wort (utrum) haben.
2. Wann benutzt man *mit* und *dit*?
   Wenn wir ein et-Wort (neutrum) haben.
3. Wann benutzt man *mine* und *dine*?
   Wenn wir Nomen im Plural haben.

C1

1. Søren er 28 år gammel. • 2. Trine er Sørens kæreste. • 3. I juni måned skal de rejse til Norge. • 4. Nej, de skal overnatte i telt. • 5. Nej, de tager en lommelygte med. • 6. De må ikke glemme regnjakker og vandresko.

Transkription

Søren Andersen er 28 år gammel. Han kommer fra Ebeltoft, men bor nu i Aalborg. Trine Møller er Sørens kæreste. Hun kommer fra Sæby, og hun fylder snart 27 år. Trine kan tale engelsk, tysk og lidt spansk. De kan begge to godt lide at rejse. I juni måned rejser de til Norge sammen, og de planlægger rejsen nu.

- Jeg tager min sovepose og et liggeunderlag med.
- Ja, det gør jeg også.
- Tager du så dit telt med?
- Ja, det skal jeg nok. Jeg tager også to vejkort med.
- Og jeg skal pakke min lommelygte ind.
- Jeg tager en rygsæk og en rejsetaske med.
- Jeg tager kun en rygsæk med.
- Husk dit pas og dit kørekort.
- Ja, det er rigtigt. Og vi må ikke glemme regnjakker og vandresko.

C3

- Det er Søren.
- Hej Søren. Det er Mette.
- Hej Mette, **hvordan** går det?
- Tak, det går **godt**. Og hvordan har du det?
- Jeg har det **fint**. Jeg har lidt travlt. Vi rejser nemlig til Norge om tre **dage**.
- Til Norge? Alle tiders! Hvor skal I **overnatte**?
- Vi bor **på** campingplads og vi sover i telt.
- Det lyder spændende. Du, Søren, hvad er Jonas Knudsens **telefonnummer**?
- Lad mig se ..., Jonas' nummer er **35 27 08 15**.
- **Tusind** tak for hjælpen!
- Selv tak.
- **Hav** det godt og rigtig god tur!
- Tak. Hav det selv godt og hils Jonas.
- Det **skal** jeg nok. Hej hej!
- Hej med dig.

5 Sommerhusudlejning

A1a

200 = to hundrede • 614 = seks hundrede og fjorten • 879 = otte hundrede nioghalvfjerds • 1.000 = (et) tusind • 4.361 = fire tusind tre hundrede enogtres • 1.000.000 = en million

A1b

5.376 = fem tusind tre hundrede seksoghalvfjerds •
4.651 = fire tusind seks hundrede enoghalvtreds •
2.483 = to tusind fire hundrede treogfirs •
1.894 = et tusind otte hundrede fireoghalvfems •
6.737 = seks tusind syv hundrede syvogtredive •
8.529 = otte tusind fem hundrede niogtyve •
9.265 = ni tusind to hundrede femogtres •
3.118 = tre tusind et hundrede og atten •
4.942 = fire tusind ni hundrede toogfyrre •
7.974 = syv tusind ni hundrede fireoghalvfjerds

A2

sommerhuse i Blokhus	**sommerhuse i Hvide Sande**
hus nr. 278: 4.899,- kroner depositum: 950,- kroner	hus nr. M149: 4.185,- kroner depositum: 1.050,- kroner
hus nr. 285: 5.375,- kroner depositum: 950,- kroner	hus nr. V498: 4.725,- kroner depositum: 1.050,- kroner

Transkription

Anne og Morten vil gerne leje et sommerhus til sommer. Morten sidder og ser på en katalog.

- Du, Anne, i Blokhus er der to børnevenlige sommerhuse.
- Hvad koster de per uge?
- Hus nr. 278 koster 4.899 kroner og hus nr. 285 koster 5.375 kroner.
- Skal vi betale depositum?
- Ja, 950 kroner.
- Er der ikke andre huse?
- Jo, i Hvide Sande er der også to sommerhuse, der passer. Hus nr. M149 koster 4.185 kroner og hus nr. V498 koster 4.725 kroner.
- Hvad med depositum?
- Udlejningskontoret tager 1.050 kroner per sommerhus.
- Lad os leje et sommerhus i Hvide Sande. Jeg kan godt lide stranden der. Ringer du til udlejningskontoret?
- Ja, det gør jeg i morgen.

B1 a/b

1. Badewanne – et badekar, -ret, - , -rene
2. Kinderstuhl – en barnestol, -en, -e, -ene
3. Dusche – et brusebad, -et, -e, -ene
4. Ofen – en brændeovn, -en, -e, -ene
5. Doppelbett – en dobbeltseng, -en, -e, -ene
6. DVD-Spieler – en dvd-afspiller, -en, -e, -ne

7. Einzelbett - en enkeltseng, -en, -e, -ene
8. Schaukel - en gynge, -n, -r, -rne
9. Gartenmöbel - havemøbler, -ne
10. Etagenbett; Koje - en køjeseng, -en, -e, -ene
11. Kühlschrank - et køleskab, -et, -e, -ene
12. Mikrowellenherd - en mikrobølgeovn, -en, -e, -ene
13. Spülmaschine - en opvaskemaskine, -n, -r, -rne
14. Sandkasten - en sandkasse, -n, -r, -rne
15. Wäschetrockner - en tørretumbler, -en, -e, -ne
16. Waschmaschine - en vaskemaskine, -n, -r, -rne

B3

1. 4 personer • 2. 2 soveværelser • 3. ikke i teksten • 4. ja • 5. barneseng, barnestol, sandkasse, gynger • 6. nej • 7. 900 m • 8. 3.470 kr. • 9. ja • 10. ja

Transkription

Hyggeligt feriehus beliggende på en lille bakketop med udsigt over markerne. Der er både åben og overdækket terrasse med havemøbler. Badeværelse med badekar. Åbent køkken med elkomfur og opvaskemaskine. Hyggelig stue med brændeovn, fjernsyn med parabol samt video og stereoanlæg. Et soveværelse med dobbeltseng og ét med køjeseng. Barneseng, barnestol, sandkasse og gynger til børnene. I skuret er der fryseskab, vaskemaskine, bruser og en lille sauna. Rygning i huset frabedes. 70 m². Sengeplads til 4 personer. 900 meter til havet. Slutrengøring er inkluderet. Depositum 840 kr. Vandafgift. Pris: 3.470 kr. pr. uge.

C3b

Hvis det regner eller blæser, vil de blive i sommerhuset.
De vil blive i sommerhuset, hvis ...

Med Josefine vil de vil de høre børnemusik.
De vil høre børnemusik med Josefine.

Hvis solen skinner, tager de på stranden og bader.
De tager på stranden og bader, hvis ...

Til Legoland vil familien kun tage, hvis det bliver overskyet.
Familien vil kun tage til Legoland, ...

Hvis det er rigtigt dårligt vejr, vil de tage i vandland én af dagene.
De vil tage i vandland én af dagene, ...

6 På indkøb

Auftakt a

frugt: æbler, ferskner, pærer, bananer, jordbær, kirsebær, blommer, appelsiner, vindruer

grøntsager: peberfrugter, tomater, ærter, løg, agurker, hvidløg, kartofler, squash, auberginer, gulerødder

A2

For eksempel:

et billigt æble, billige æbler • Æblet er billigt. • Æblerne er billige. • en fin tomat, fine tomater • en gammel pære, gamle pærer • et godt jordbær, gode jordbær • en lille agurk, små agurker • Agurken er lille. • Agurkerne er små.

B1a

1. pærer • 2. peberfrugter • 3. kartofler • 4. tomater • 5. oksekød • 6. æblekage

B1b

Familien Hansen er på ferie ved Vestkysten. Morten er taget til byen for at købe lidt ind.

- Kan jeg hjælpe med **noget**?
- Ja tak, jeg har brug for økologiske **pærer**.
- Det **passer** godt. De er på tilbud i dag.
- Hvad koster **de**?
- I dag koster de **23** kroner per kilo.
- **Finder** jeg dem i frugt- og grøntafdelingen?
- Ja, der til **højre** kan du se afdelingen. Ellers andet?
- Ja, jeg skal også have nogle **peberfrugter**, **kartofler** og **tomater**. Dem finder jeg sikkert også der, **ikke**?
- Jo, det er **rigtigt**.
- Jeg vil også gerne have et stykke **oksekød**. Er der et slagteri i forretningen?
- Det ligger derovre **bag** køledisken.
- Ja, nu kan jeg se **det**. Jeg skal også have noget friskbagt **æblekage**.
- Vi har en **lille** bager bag kassen, til **venstre** for udgangen. Ellers andet?
- Nej tak, det var det hele.

Nogle minutter senere ved kassen:

- Det bliver **287** kroner i alt.
- Kan du **give** tilbage på en femhundredekronesed-del?
- Ja, det er ikke noget problem. Værsgo, **213** kroner tilbage.
- Tak skal du have.
- Det var så **lidt**. Hav en god dag!
- **Tak** i lige måde!

B2

Subjektform: en-Wörter: den, de • et-Wörter: det, de
Objektform: en-Wörter: den, dem • et-Wörter: det, dem

B3

til venstre for = links von • på = auf • ved = bei • bag = hinter • i = in • ved siden af = neben • foran = vor • til højre for = rechts von

B4

agurker – pr. stk.: 8 kroner • bananer – pose: 13 kroner • salat – pr. stk.: 9,50 kroner • pærer – pr. stk.: 3 kroner • tomater – 500 g: 15 kroner • æbler – kilo: 14 kroner

Transkription

Dorte og Karoline er i en dagligvarebutik. De skal købe ind til weekenden.

- Jeg vil lave agurkesalat i morgen. Hvad koster agurkerne i dag?
- De koster 8 kr. per stk.
- Det er ikke dyrt. Skal vi tage to agurker?
- Ja, lad os gøre det. Har vi brug for salat? Den koster 9,50 kroner per stk.
- Hvor kommer den fra?
- Fra Spanien.
- Så lad os tage en.
- Jeg vil gerne spise tomater til morgenmad. 500 g koster 15 kroner i dag. Skal vi ikke tage dem?
- Jo, men tag kun de fine tomater. Der er bananer på tilbud i dag. Syv stk. i pose koster 13 kroner. Vi tager dem.
- Skal vi ikke også have nogle pærer? De ser fine ud. Og de koster kun 3 kroner per stk.
- Ja, lad os tage seks stk. Vi skal også have æbler. De koster 14 kroner per kilo i dag.

C1

i banken: 2. • 5. • 6.
i postbutikken: 1. • 3. • 4.

C2

- Goddag.
- Goddag. Hvad kan jeg **hjælpe** med?
- Jeg vil gerne **hæve** nogle penge på mit kreditkort, men pengeautomaten udenfor **virker** ikke.
- Nej, desværre. Den **skulle** gerne virke igen i morgen.
- Jeg skal **bruge** pengene i dag. Kan jeg **veksle** euro her?
- Ja, det **kan** du godt.
- Jeg **vil** gerne veksle 250 euro til danske kroner.
- Vil du **have** tohundredekronesedler?
- Ja tak, gerne. Og også nogle halvtredskronesedler.
- Værsgo. Her **er** 1.892 kroner og 50 øre.
- Mange tak. Jeg har et spørgsmål til: Hvor **ligger** det nærmeste posthus?
- Du **finder** en postbutik i supermarkedet 300 meter herfra.
- Tak skal du **have**. Og fortsat god dag!
- Tak i lige måde. Farvel!

C3

1. Nej. • 2. 14,50 kr. • 3. Kunden har brug for 5 frimærker • 4. 72,50 kr. • 5. Nej. (127,50 kr.) • 6. Kunden kan aflevere brevene i postbutikken.

Transkription

- Hej.
- Hej. Hvad kan jeg hjælpe med?
- Jeg vil gerne sende nogle breve til Tyskland. Hvad koster det?
- Det koster 14,50 kroner at sende et brev til Tyskland, når du vælger A prioritet.
- Jeg har brug for fem frimærker til 14,50 kroner.
- Det bliver 72,50 kroner.
- Her er 200 kroner.
- Så får du 128,50 kroner tilbage. Du kan aflevere brevene her hos mig.
- Tak skal du have, og fortsat god dag!
- Tak. I lige måde!

7 Tiden går

Auftakt a

1. d. • 2. f. • 3. h. • 4. g. • 5. a. • 6. b. • 7. i. • 8. e. • 9.c.

A2

1. Hun står op klokken halv syv om morgenen.
2. Laura går i bad, og hun spiser morgenmad.
3. Hun tager af sted klokken halv otte.
4. Laura er i skole fra klokken otte til klokken halv to.
5. Hun spiser lidt.
6. Laura laver lektier og hører musik.
7. Hun går i seng ca. klokken ni om aftenen.
8. De spiser ca. klokken seks.

A3

Mads og Louise står op klokken **6.15**. Så spiser de morgenmad klokken **6.35**. Derefter går de på arbejde klokken **7.00**.
I frokostpausen klokken **14.30** drikker de kaffe. Mads kommer hjem klokken **17.00**; Lousie kommer hjem en halv time senere. De spiser aftensmad ved **6**-tiden. Derefter ser de fjernsyn fra klokken **19.00** til ca. klokken **22.00**. Mads og Louise går i seng omkring klokken **22.15**.

A4

et sekund, et minut, et kvarter, en halv time, en time, et døgn, en uge, en måned, et år

B1a

1. på mandag • 2. om onsdagen • 3. ja • 4. nej • 5. klokken otte • 6. til babysvømning • 7. på søndag

Transkription

- Morten, hvad er dine planer for næste uge?
- På mandag skal jeg spille tennis, og på onsdag skal jeg til spansk.
- Emilie skal til klaver på tirsdag efter skolen. Henter du hende klokken fem?
- Ja, det skal jeg nok.
- Og fredag aften klokken otte skal Rasmus til klassefest. Kører du ham derhen?
- Ja, det skal jeg nok. Hvad med dig, hvad er dine planer?
- Jeg skal med Josefine til babysvømning torsdag morgen klokken ni. Kan du køre os derhen? Emilie og Rasmus skal i skole klokken otte. Kan du køre dem i skole først?
- Ja, jeg kører jer alle sammen.
- Du er en skat, Morten.
- Har vi nogen planer i weekenden?
- Ja, på lørdag skal vi til Lasses fødselsdagsfest, og på søndag skal vi på skovtur.
- Sikke en uge!

B2

1. jer • 2. hende • 3. ham • 4. os • 5. dig • 6. dem • 7. mig

B3

Singular

	Subjektform	Objektform
1. Person	jeg	mig
2. Person	du / De	dig / Dem
3. Person	han / hun	ham / hende

Plural

1. Person	vi	os
2. Person	I / De	jer / Dem
3. Person	de	dem

C1

vinter: december, januar, februar
forår: marts, april, maj
sommer: juni, juli, august
efterår: september, oktober, november

C2a

3. tredje • 6. sjette • 11. ellevte • 14. fjortende • 18. attende • 21. enogtyvende • 25. femogtyvende • 31. enogtredivte

C2b

1. første • 2. anden • 3. tredje • 4. fjerde • 5. femte • 6. sjette • 7. ellevte • 8. tolvte • 9. tredivte • 10. enogtredivte

C4a

1. b. • 2. a. • 3. b. • 4. b.

C4b

- Hotel Strandlyst goddag.
- Goddag. Det er Mette Dahltoft. Jeg ringer for at reservere to enkeltværelser til den **7. juli**.
- Et øjeblik ... hm, jeg beklager, alle enkeltværelser er optaget den **7. juli**.
- Så vil vi gerne have et dobbeltværelse.
- Ja, det kan I godt. Hvor længe bliver I?
- Vi bliver i **fem** dage.
- Det vil sige, at I rejser igen den **11. juli**?
- Nej, vi rejser den **12. juli** om morgenen. Altså fem nætter i alt. Hvad koster et dobbeltværelse?
- Det koster **1.490** kroner pr. nat inklusive morgenbuffet.
- Det er i orden.
- Må jeg bede om navnet én gang til?
- Ja, det er Dahltoft: D - A - H - L - T - O - F - T.
- Jeg reserverer et dobbeltværelse til **jer** fra den 7. juli til den 12. juli. Hvornår kommer I?
- Vi kommer ca. klokken **fem** om **eftermiddagen**.
- Det er fint. Der er morgenmad mellem klokken **7** og klokken **10** hver dag.
- Tak for hjælpen.
- Selv tak. Vi glæder **os** til at se jer den 7. juli!
- Farvel.
- Farvel.

8 Steder i byen

Auftakt a

Hvad har drenge / mænd på?
bukser, frakker, hatte, huer, jakker, skjorter, sweatre, jakkesæt, slips, sokker, strømper, kondisko, støvler
Hvad har piger / kvinder på?
bluser, bukser, hatte, huer, jakker, kjoler, nederdele, strømpebukser, sweatre, sokker, strømper, ballerinaer, kondisko, støvler

A1

rød = rot • lyserød = rosa • orange = orange • sort = schwarz • mørkegrøn = dunkelgrün • hvid = weiß • brun = braun • blå = blau • gul = gelb • pink = pink • lilla = lila • grå = grau

A2a

nr. 1 = dialog 2 • nr. 2 = dialog 3 • nr. 3 = dialog 1 • nr. 4 = dialog 4

Transkription

Dialog 1
- Hej, kan jeg hjælpe med noget?
- Ja, har I lange sommerkjoler?
- Dem har vi mange af. Hvilken størrelse bruger du?
- Jeg bruger størrelse 40.
- Her er nogle fine kjoler i din størrelse. De er alle sammen af bomuld eller silke.
- Jeg kan godt lide den gule kjole. Må jeg prøve den?
- Ja, selvfølgelig. Prøverummene er bag i butikken.

Dialog 2
- Hvordan ser jeg ud, Søren?
- Bukserne er meget stramme. Er de ikke for små?
- Jo, de er heller ikke særlig behagelige at have på.
- Skal jeg finde en anden model til dig?
- Ja, gider du finde en løs model i størrelse 40?

Dialog 3
- Goddag, jeg vil gerne have et par nye sko.
- Hvilken slags sko skal det være?
- Gerne et par elegante lædersko.
- Hvad med dem her?
- De er flotte. Har I dem også i sort?
- Ja, hvilken størrelse bruger du?
- Jeg bruger størrelse 42.

Dialog 4
- Hej, jeg vil gerne bytte en blå skjorte. Her er kvitteringen.
- Ja, det er i orden. Du kan få pengene tilbage. Men vil du ikke have noget andet i stedet for?
- Jo, god idé. Har I måske en mørkeblå uldvest i medium?
- Ja, det har vi. Værsgo, her er en i din størrelse.

A2b

Dialog 1: Kunden vil købe en kjole. Hun bruger størrelse 40.
Dialog 2: Bukserne er for små. Kunden prøver en anden model.
Dialog 3: Kunden vil gerne have et par lædersko. Han bruger størrelse 42.
Dialog 4: Kunden vil bytte en blå skjorte. Han prøver en vest af uld.

A3

Sikke et held ... = dialog 3 • Det var heldigt, at ... = dialog 4 • Jeg er så glad for ... = dialog 2 • Jeg er så lettet ... = dialog 1

A5

dansk:	Adjektive mit der Endung *-sk* erhalten kein -t in der Neutrumform.
sort:	Adjektive mit der Endung *-t* erhalten kein weiteres -t in der Neutrumform.
smuk/ grim:	Adjektive mit mit einem kurzen, betonten Vokal erhalten im Plural einen doppelten Konsonanten.
lille:	Das Adjektiv *lille* ist unregelmäßig.
gammel:	Adjektive mit der Endung *-el* werden im Plural verkürzt.
sulten:	Adjektive mit der Endung *-en* werden im Plural verkürzt.
lækker:	Adjektive mit der Endung *-er* werden im Plural verkürzt.
moderne:	Adjektive mit der Endung *-e* werden nicht gebeugt.
blå, grå:	Diese Farbadjektive werden im Plural nicht gebeugt.
pink/lilla:	Diese Farbadjektive werden nicht gebeugt.

B1a

1. hos frisøren • 2. på apoteket • 3. på tankstationen • 4. i boghandlen

B2

1. ● Hej Fatima!
2. • Hej Anne! Er du ude at gå tur med Josefine?
3. ● Ja, jeg har en tid hos frisøren, og derefter skal jeg i købe en buket roser i blomsterbutikken. Hvad med dig?
4. • Jeg har travlt, jeg skal nå så meget. Jeg skal købe en gave til Selim. Han fylder 5 år i overmorgen. Jeg vil prøve at finde en bog til ham i boghandlen. Og så skal jeg også nå at hente bilen på bilværkstedet, før de lukker. Og senere skal jeg hente Selim i børnehaven.
5. ● Så må du hellere skynde dig.
6. • Ja. Hav en god dag og hils derhjemme!
7. ● Det skal jeg nok, og i lige måde!

C2

gæsterne 2 • 5 • 6 • 8 • 12 • 13
tjeneren 1 • 3 • 4 • 7 • 9 • 10 • 11 • 14

C3a

1. To personer. • 2. Nej, det har de ikke. • 3. De finder en plads ved vinduet. • 4. De ønsker at drikke et glas hvidvin, en kande isvand og en stor fadøl. • 5. De spiser en rejecocktail og gravad laks. • 6. De bestiller grillet laks med nye kartofler og en hakkebøf med bløde løg og pomfritter. • 7. Nej, det vil de ikke. • 8. Ja, det var de. • 9. Nej, de betaler med kort.

Transkription

○ Godaften.
● Godaften. Har I et bord til to personer?
○ Ja, det har vi. Vil I sidde ved vinduet?
● Ja, det er fint.
○ Værsgo.
● Tak for det. Må vi bede om menukortet?
○ Lige et øjeblik.
...
○ Værsgo.
• Tak.
● Tak.
...
○ Hvad ønsker I at drikke?
• Jeg vil gerne have et glas hvidvin og en kande isvand.
● Jeg vil gerne have en stor fadøl.
○ Skal I også have noget at spise?
• Ja, men vi er ikke klar til at bestille endnu.
○ Det er fint, jeg henter jeres drikkevarer så længe.
...
○ Et glas hvidvin.
• Det er til mig ...
○ Er I klar til at bestille maden nu?
• Ja, jeg vil gerne have en rejecocktail til forret og grillet laks med nye kartofler til hovedret.
○ Ja.
● Og jeg vil gerne have gravad laks til forret og til hovedret en hakkebøf med bløde løg og pomfritter.
○ Ja. Tak.
...
○ Gravad laks.
● Tak.
○ Og en rejecocktail. Velbekomme.
• Tak.
...
○ Grillet laks med kartofler. Værsgo.
• Tak.
○ Og her er din hakkebøf med pomfritter.
● Tak skal du have. Jeg vil gerne bestille en lille fadøl.

- Ja.

…

- Var alt i orden?
- Ja, det smagte godt.
- Det var godt. Har I lyst til en dessert?
- Nej tak. Vi vil gerne bede om regningen.
- Lige et øjeblik.

…

- Værsgo – her er regningen.
- Jeg vil gerne betale med visa.
- Det er i orden. … Så skal jeg bede om din underskrift.
- Sådan. Tak for i aften.
- Selv tak og fortsat god aften.
- Tak i lige måde.
- Tak for i aften!

9 Hjemme hos os

Auftakt a

1. mor og far = forældre • 2. børn = datter og søn • 3. bedsteforældre = bedstemor og bedstefar • 4. børnebørn = børnenes børn • 5. søskende = søster og bror • 6. morbror = mors bror • 7. farbror = fars bror • 8. moster = mors søster • 9. faster = fars søster

A1a

1. Min mormor er min mors mor. • 2. Min farmor er min fars mor. • 3. Min morfar er min mors far. • 4. Min farfar er min fars far. • 5. Min oldemor er min fars / mors bedstemor. • 6. Min oldefar er min mors / fars bedstefar.

A3

1. Steen og Rikke har to piger: Emma og Johanne.
2. Frederik har to søstre.
3. Han er gift med Mettemarie.
4. Julie bor sammen med Thomas.
5. Ja, Emma og Johanne og Kristoffer og Karl er Julies niecer og nevøer.
6. Hun hedder Else.

B1

1. f. • 2. d. • 3. h. • 4. b. • 5. a. • 6. g. • 7. i. • 8. e. • 9. c.

Transkription

- Hvad hedder din mand?
- Han hedder Peter, men vi er ikke gift.
- Hvor bor I henne?
- Vi bor i Farum i Storkøbenhavn.
- Har I børn?
- Ja, vi har en pige og to drenge.
- Hvad hedder jeres børn?
- Vores pige hedder Matilde, og vores drenge hedder Mikkel og Sebastian.
- Hvor gamle er de?
- Matilde er 9 år gammel, Mikkel er 15 år, og Sebastian er 12.
- Har børnene nogen pligter i huset?
- Ja, de skal rydde op på deres værelser. Og vores børn dækker bord, sætter i opvaskemaskinen og passer deres kæledyr.
- Hvem går tur med jeres hund?
- Det gør jeg om morgenen, men i løbet af dagen og om aftenen gør børnene det. ▸▸

A2

	Singular		Plural	
	unbestimmt	bestimmt	unbestimmt	bestimmt
unbetonte Endung -el	en onkel	on**kl**en	on**kl**er	on**kl**erne
unbetonte Endung -er	en fætter en søster	fætteren søsteren	fæ**tr**e sø**str**e	fæ**tr**ene sø**str**ene
Vokaländerung im Plural				
	en mor en far en datter en bror et barnebarn	moren faren datteren broren barnebarnet	m**ø**d**r**e f**æ**d**r**e d**ø**t**r**e br**ø**d**r**e b**ø**rneb**ø**rn	m**ø**d**r**ene f**æ**d**r**ene d**ø**t**r**ene br**ø**d**r**ene b**ø**rneb**ø**rnene

- Hvem laver mad?
- Det gør Peter, når han kommer hjem fra arbejde.
- Hvem gør rent i huset?
- Jeg gør rent til dagligt, men det er Peter, som gør det i weekenden.

B2

Person	Singular	
	en-Wörter	et-Wörter
1. Sing. (jeg)	min pige	mit barn
2. Sing. (du)	din pige	dit barn
1. Plural (vi)	vores pige	vores barn
2. Plural (I)	jeres pige	jeres barn
3. Plural (de)	deres pige	deres barn

Person	Plural
1. Sing. (jeg)	mine drenge
2. Sing. (du)	dine drenge
1. Plural (vi)	vores drenge
2. Plural (I)	jeres drenge
3. Plural (de)	deres drenge

C1

A. hårtørrer / e • B. barbermaskine / r • C. tandbørste / r • D. øloplukker / e • E. serveringsbakke / r • F. proptrækker / e • G. håndklæde / r • H. skål / e • I. stegepande / r • J. gryde / r • K. strygejern / - • L. klud / e • M. støvsuger / e • N. affaldsspand / e • O. kost / e

C2

En affaldsspand bruger man til at smide affald i.
En barbermaskine bruger man til at barbere sig med.
En gryde bruger man til at koge suppe i.
En hårtørrer bruger man til at tørre håret med.
En klud bruger man til at gøre rent med.
En kost bruger man til at feje gulvet med.
En proptrækker bruger man til at åbne en flaske vin med.
En serveringsbakke bruger man til at servere mad på.
En skål bruger man til at servere mad i.
En stegepande bruger man til at stege kød i.
En støvsuger bruger man til at støvsuge med.
En tandbørste bruger man til at børste tænder med.
En øloplukker bruger man til at åbne en flakse øl med.
Et håndklæde bruger man til at tørre sig med.
Et strygejern bruger man til at stryge tøj med.

10 I går og i lørdags

A1

at lave, laver, lavede • at shoppe, shopper, shoppede • at strikke, strikker, strikkede • at fiske, fisker, fiskede • at arbejde, arbejder, arbejdede • at spise, spiser, spiste • at høre, hører, hørte • at købe, køber, købte • at læse, læser, læste • at gå, går, gik • at se, ser, så • at synge, synger, sang • at være, er, var • at drikke, drikker, drak • at sove, sover, sov

A2

1. Konjugation ▸ Stamm + -ede
2. Konjugation ▸ Stamm + -te

B1a

Pernille Nygård er sygeplejerske. For fire måneder siden **havde** hun meget travlt. Hun **skulle** nemlig flytte fra Aarhus til København. Pernille **skulle** begynde at arbejde på Rigshospitalet to uger senere. Da hun **ankom** til hovedstaden, **gik** hun først hen til kommunen. Pernille **meldte** sin nye adresse til folkeregistret. Pernilles forældre, hendes fætter Mads og hendes tyske kæreste Andreas **hjalp** hende med flytningen. Pernille og Andreas **flyttede** sammen ni uger senere. Andreas **var** nødt til at søge om opholdstilladelse for at arbejde i Danmark. Desuden **havde** han brug for et CPR-nummer. Det er et personnummer, som alle indbyggere i Danmark har.

B2

1. Hvorfor …? • 2. Hvornår …? • 3. Hvor …? • 4. Hvem …? • 5. Hvad …?

C1

- **Hvem** er det på billedet?
- Det er min fætter Oscar.
- Er han ikke gift med Ellen?
- Jo, det er han.
- Hvor bor de?
- De bor i Høruphav.
- **Hvor** ligger det?
- Det ligger på Als, i nærheden af Sønderborg.
- Boede de ikke på Fyn?
- Jo, men de flyttede, da Oscar blev pensionist.
- **Hvilket** job havde han?
- Han arbejdede på et bilværksted.

- I **hvilken** by?
- I Årslev.
- **Hvilket** bilmærke?
- Det ved jeg ikke.
- Og **hvem** er dét så?
- Det er min fætter Mogens.
- **Hvad** laver han?
- Han arbejder som laborant.
- Er han gift?
- Ja, med Lisbeth.
- Ved du, **hvilke** hobbyer de har?
- De kan meget godt lide at cykle. Desuden rejser de ofte til Tyskland.

C2

Hvilken hobby / nationalitet …? • Hvilket telefonnummer / postnummer …? • Hvilke danske campingpladser / fornavne / strande / skuespillere …?

11 Om sundhed og sygdom

Auftakt a

1. • 2. • 8. • 9. • 10. • 13. • 14.

Transkription

Hej. Jeg hedder Lise. Jeg holder mig i form på mange forskellige måder:
Jeg er meget ude med mine børn. Og jeg løber sammen med min veninde Sanne to gange om ugen.
Jeg spiser sund mad og jeg drikker meget vand. Min mand Søren dyrker kampsport og går som regel i sauna bagefter. Det gør jeg ikke. Jeg foretrækker at gå lange ture med min hund. Somme tider mediterer jeg, og jeg plejer altid at tænke positivt.

A1

ansigtet:
1. hoved • 2. pande • 3. næse • 4. kind • 5. tand • 6. hage • 7. mund • 8. øre • 9. øje

kroppen:
10. finger • 11. hånd • 12. arm • 13. hals • 14. ben • 15. ankel • 16. fod • 17. knæ • 18. mave • 19. bryst • 20. håndled

A2

Det gør ondt i halsen! = 4
Jeg har hovedpine! = 3
Av, jeg har ondt i maven! = 2
Jeg har smerter i ryggen! = 1

A4

at brække armen, benet, fingeren, foden, halsen, hånden, knæet, håndleddet
at forstuve armen, foden, fingeren, håndleddet, anklen
at slå armen, benet, hånden, knæet, hovedet
at skære sig i fingeren, foden, hånden
at få noget i munden, næsen, øjet, øret
mave**pine**, tand**pine**, øre**pine**, hoved**pine**

B2

1. f. • 2. e. • 3. b. • 4. a. • 5. c. • 6. d.

B3

Dialog 1: 2 • 3 • 4 • 8
Dialog 2: 1 • 5 • 6 • 7 • 9

Transkription

Dialog 1
- Lægehuset Karin Raabjerg, goddag.
- Goddag. Det er Trine Møller. Jeg vil gerne have en tid.
- Du kan få en tid på fredag klokken 9.15.
- Hm, jeg kan bedst om eftermiddagen.
- Hvad så med på mandag klokken 16.45?
- Det er fint.
- Må jeg bede om dit CPR-nummer?
- Ja, det er 041083-1268.
- Okay, det var altså på mandag klokken kvart i fem.
- Tak for det. Farvel.
- Farvel.

Dialog 2
- Hos læge Karsten Eskesen, goddag.
- Goddag. Det er Rüdiger Friedemann. Kan jeg få en tid i dag? Jeg har så frygtelig ondt i maven.
- Kan du komme i eftermiddag klokken 15.30?
- Ja, det kan jeg godt.
- Har du været her før?
- Nej, jeg er her på ferie. Jeg er tysker.
- Så skal du huske dit sygesikringskort.
- Ja, det skal jeg nok.
- Hvad var navnet? ▸▸

- Det er Rüdiger Friedemann.
- Det var det hele. På gensyn klokken halv fire.
- Tak. Farvel.
- Farvel.

B4

1. Hun foreslår først fredag klokken 9.15. • 2. Trine kan bedst om eftermiddagen. • 3. Hun får en tid mandag, kl. 16.45. • 4. Han har frygtelig ondt i maven. • 5. Han kan komme kl. 15.30 samme eftermiddag. • 6. Nej, det har han ikke. • 7. Han er på ferie. • 8. Han skal huske at tage sygesikrings-kortet med.

C1

1. e. • 2. f. • 3. d. • 4. h. • 5. g. • 6. b. • 7. a. • 8. c.

For eksempel:
Så vil jeg bede dig om at åbne munden.
Vær så venlig at række tungen ud.
Drej venligst hovedet til venstre.

C3

1. Jeg har mistet en fyldning.
   Hvornår har du mistet den?
2. Jeg tror, jeg har et hul i en tand.
   Har du stærk tandpine?
3. Skal du bore?
   Ja, der er et stort hul i én tand.
4. Skal du plombere flere tænder?
   Nej, du har kun behov for én fyldning.
5. Skal du trække tanden ud?
   Vær ikke bange, jeg skal ikke trække den ud.
6. Skal du røntgenfotografere tanden?
   Først vil jeg undersøge dine tænder.
7. Kan jeg få en bedøvelse?
   Ja, jeg kan give dig en sprøjte.
8. Kan jeg skylle munden?
   Ja, her har du lidt vand.

12 Transport

A2

Dialog 1:

1. Hvornår kører bussen?
   ▸ om 5 minutter
2. Hvor skal damen skifte bus?
   ▸ på Nørreport Station
3. Hvilken bus skal hun skifte til?
   ▸ til linje 6A
4. Hvor mange zoner er det?
   ▸ 3 zoner
5. Hvorfor bliver bussen forsinket?
   ▸ pga. myldretiden

Dialog 2:

1. Hvornår afgår toget til Aalborg?
   ▸ kl. 13.50
2. Hvornår ankommer toget?
   ▸ kl. 18.13
3. Hvilket slags tog er det?
   ▸ et lyntog
4. Hvilken slags billet vil kunden have?
   ▸ en enkeltbillet
5. Hvor meget koster billetten?
   ▸ 364 kroner

Transkription

Dialog 1

- Undskyld, hvornår går bussen?
- Jeg kører om cirka 5 minutter.
- Kører du forbi Statens Museum for Kunst?
- Nej, det gør jeg ikke. Du skal skifte på Nørreport Station til linje 6A mod Emdrup Torv. Det er syvende stop.
- Hvor mange zoner er det?
- Det er tre zoner ind til centrum.
- Hvor lang tid tager turen?
- Det kommer an på trafkken – ca. et kvarter. Vi bliver nok lidt forsinket her i myldretiden.
- Kan du sige til, når jeg skal stige af?
- Det skal jeg nok.
- Tak for hjælpen.

Dialog 2

- Goddag. Hvornår går det næste tog til Aalborg?
- Et øjeblik ... det næste tog afgår klokken 13.50 fra spor 4.
- Hvornår ankommer toget til Aalborg?
- Det ankommer klokken 18.13 i aften.
- Skal jeg skifte tog undervejs?
- Nej, det er et direkte lyntog.
- Hvor meget koster billetten?
- Tur-retur?
- Nej tak, bare en enkeltbillet.
- En standardbillet på anden klasse koster 364 kroner.
- Hvad koster det at tage min cykel med?
- Du skal købe et klippekort til 60 kroner for fem klip.
- Jeg vil gerne have både en billet til Aalborg og et cykelklippekort. Har jeg brug for en pladsbillet?
- Nej, men i weekenden er det en god idé.

A3

transportmiddel

Transkription

Det 7. bogstav er et O som Odense. • Det 13. bogstav er et D som Danmark. • Det 4. bogstav er et N som Niels. • Det 3. bogstav er A som Anders. • Det 8. bogstav er R som Rasmus. • Det 15. bogstav er L som Lise. • Det 5. bogstav er et S som Søren. • Det 11. bogstav er et I som Iben. • Det 2. bogstav er et R som Randers. • Det 12. bogstav er et D som Dorte. • Det 10. bogstav er et M som Mads. • Det 1. bogstav er et T som Thomas. • Det 6. bogstav er et P som Per. • Det 9. bogstav er et T som Tanja. • Det 14. bogstav er et E som Erik.

B2b

for bevægelse: ind, ud, op, ned, hjem, hen, over, frem
for stilstand: inde, ude, oppe, nede, hjemme, henne, ovre, fremme

C1

1.
- Undskyld, kan du **hjælpe** mig? Hvor ligger sygehuset?
- Sygehuset, det er ikke langt **herfra**. Det ligger i Nørregade, **direkte** over for parken.
- Tak skal du have.
- Ingen **årsag**.

2.
- Undskyld, ved du, hvor rutebilstationen er?
- Ja, den ligger for **enden** af Torvegade ved siden af banegården.
- Mange tak for **hjælpen**.
- Selv tak.

3.
- Undskyld, kan du **sige** mig, hvor jeg finder en **parkeringsplads**?
- Den finder du **bag** stadion, på **venstre** side af supermarkedet.
- Tusind tak.
- Det var så lidt.

4.
- Undskyld, ved du hvor jeg kan finde et **apotek**?
- Desværre, jeg er ikke her **fra** byen.
- Det var **ærgerligt**. Hav en god dag.
- Tak i lige måde.

C2

1. h. • 2. c. • 3. g. • 4. d. • 5. e. • 6. a. • 7. f. • 8. b. • 9. i.

C3

Transkription

- Undskyld, kan du fortælle mig, hvordan jeg kommer hen til Hotel Kanalen her fra banegården?
- Ja, du skal gå lige ud ad Torvegade og dreje til højre i lyskrydset. Så skal du gå ned ad Nørregade langs parken, forbi stadion, indtil du kommer til endnu et lyskryds. Der skal du dreje til venstre. I rundkørslen skal du dreje til højre første gang og fortsætte over broen. Så ligger Hotel Kanalen anden vej på venstre hånd.
- Mange tak for hjælpen. Er det langt væk?
- Jeg tror det tager ca. 20 minutter til fods.
- Nå, så langt! Så tager jeg en taxa.

C4

1. Vi har tit taget den der bus.
   ▸ Handlung in Vergangenheit ohne genauen Zeitpunkt

   Vi tog bussen også i går.
   ▸ abgeschlossen, Zeitpunkt wichtig

2. Hun har endnu ikke købt togbilletten.
   ▸ hat eine Wirkung auf die Gegenwart
   I sidste måned købte hun billetten på internettet.
   ▸ abgeschlossen, Zeitpunkt wichtig
3. Han har lige skiftet bus.
   ▸ Handlung in Vergangenheit ohne genauen Zeitpunkt
   Han skiftede bus for fem minutter siden.
   ▸ abgeschlossen, Zeitpunkt wichtig
4. Jeg kommer for sent, fordi jeg har ventet på taxaen længe.
   ▸ hat eine Wirkung auf die Gegenwart
   Jeg ventede også længe for tre dage siden.
   ▸ abgeschlossen, Zeitpunkt wichtig
5. De har cyklet på arbejdet siden april.
   ▸ Handlung findet immer noch statt
   De cyklede på arbejde, da de var unge.
   ▸ Handlung abgeschlossen

13 Campingliv

Auftakt

Lærke ville vide, om … • Sanne spurgte, om … •
Freja forklarede, at … • Laurids svarede, at … •
Aksel informerede Lise om, at … • Bo sagde, at …

B1

1, 4, 6, 7, 8

Transkription

● Har I en plads til os? Vi vil helst have en plads ved vandet.
○ Vi har forskellige ledige pladser, men ingen direkte ved vandet.
● Det var ærgerligt.
○ Men vi har nogle andre pladser, som er meget fine. I har udsigt over vandet der.
● Det lyder godt. Er det tilladt at tage hunde med?
○ Ja, det er det. Hvor mange personer er I?
● Vi er to voksne, to børn og en hund. Hvilken plads kan du anbefale?
○ Prøv at kigge på den der plan over campingpladsen, som hænger på væggen. Jeg kan anbefale dig plads nummer 37. Det er en god plads, som har en flot udsigt over vandet. Den koster 373 kroner i alt pr. dag inklusive strøm.
● Er der en købmand i nærheden?
○ Ja, der er én i den næste by, fem minutters kørsel herfra.
● Kan jeg købe postkort her?
○ Nej, jeg beklager, men i kiosken derovre kan du sikkert købe nogle.
● Er der tørretumblere?
○ Ja, de er i vaskerummet.
● Er der nogen hoppepuder på campingpladsen?
○ Nej, desværre ikke.
● Er der trådløst internet?
○ Ja, mod betaling.
● Er det for resten tilladt at køre med bil på stranden?
○ Kun på den venstre side. På den højre side er det forbudt.

B2

 golfbane
 affaldscontainere
 bålplads
 opholdsstue
 kogemuligheder
 postkasse
 ildslukker
 fiskerenseplads
 puslerum
 bordtennisrum

handicaptoilet
 kano

B5

Transkription

Undskyld, hvor ligger …
1. … kiosken? Den ligger over for toiletterne.
2. … tv-stuen? Den ligger ved siden af telefonboksen.
3. … hoppepuderne? De ligger til venstre for bålpladsen.
4. … legepladsen? Den ligger foran golfbanen.

C2a

1. Mange turister foretrækker campingpladser, (som) de kender fra før.
2. De fleste campister undgår pladser, som / der er stuvende fulde om sommeren.
3. Campingpladser, som / der er tilladt for hunde, er ikke noget for børn.
4. Unge mennesker sætter stor pris på pladser, som / der har internet.
5. Campingpladser, som / der har mindst fire stjerner, hører til campisternes favoritter.
6. Mange familier vælger kun campingpladser, som / der ikke er dyre.
7. Mange turister har et campingpas, (som) de har købt på internettet.
8. Campingpladser, som / der har motionsrum, er særlig populære.

14 Livsforløb

A1

1. at være i vuggestue • 2. at gå i børnehave • 3. at begynde i skole • 4. at blive konfirmeret • 5. at tage studentereksamen • 6. at blive pensioneret

A2

Transkription

Khalid Malik er født den 17. juli 1984 og kom til Danmark den 14. marts 1988. Han gik i børnehave fra 1988 til 1991. Derefter kom han i folkeskolen fra 1991 til 2001, og derefter gik han 3 år i gymnasiet fra 2001 til 2004. Han aftjente sin værnepligt fra 2004 til 2005 og startede på universitetet i 2005. Han blev færdig som civilingeniør i 2011.

Pia Jeppesen er født den 4. april 1989. Hun var først i vuggestue fra 1989 til 1991 og derefter i børnehave fra 1991 til 1995. Hun begyndte i skole i 1995 og tog sin folkeskoleeksamen i 2004. Hun gik på handelsskole fra 2004 til 2007. Efter handelskoleeksamen tog hun ud at rejse et år. Derefter tog hun en uddannelse ved SAS fra 2008 til 2010. Siden har Pia arbejdet som stewardesse.

B2

De havde diskuteret længe … • … havde de haft …

B3a

1. forlænge passet • 2. booke flyrejsen og hotellet • 3. få vaccinationer • 4. søge om visum • 5. købe passende tøj • 6. veksle penge

Transkription

I slutningen af oktober sidste år skulle Pia og Khalid rejse til Pakistan, og de glædede sig meget til at se Khalids familie. Men i månederne før rejsen var der mange ting, de skulle ordne. En aften sad de sammen og snakkede om rejsen:

- Khalid, vi skal forlænge dit pas. Ved du hvor passet er?
- Ja, på skrivebordet. Jeg forlænger det om to uger.
- Ja, det er meget vigtigt. Og vi skal huske at booke rejsen og hotellet tidligt.
- Der er mange ting vi skal ordne.
- Ved du hvad, jeg skriver en huskeseddel.
- Ja, det var en god idé.
- Vi skal – 1: forlænge passet; 2: booke flyrejsen og hotellet.
- Pia, det er vigtigt med vaccinationer i Pakistan.
- 3: få vaccinationer.
- Jeg skal søge om et visum til os.
- 4: søge om visum. Hvad med beklædning?
- Ja, det er også meget vigtigt.
- 5: købe passende tøj.
- Og vi må ikke glemme at veksle penge.
- Ja, det skriver jeg også ned. 6: veksle penge. Så, lad os lige kontrollere, at vi har det hele med. 1 – forlænge passet.
- Det ordner jeg.
- 2 – booke flyrejsen og hotellet.
- Det ordner du.
- 3 – få vaccinationer.
- Ja, i hvert fald.
- 4 – søge om visum.
- Også meget vigtigt, ja.
- 5 – købe passende tøj.
- Det gør vi på lørdag. Der er nemlig udsalg.
- 6 – veksle penge.
- Ja. Det ordner jeg også.
- Det var godt!

B3b

1. Nej, de havde ikke forlænget passet.
2. Nej, de havde ikke booket flyrejsen og hotellet.
3. Ja, de havde fået vaccinationer.
4. Nej, de havde ikke søgt om visum.
5. Nej, de havde ikke købt passende tøj.
6. Ja, de havde vekslet penge.

C1

1. C • 2. D • 3. A • 4. F • 5. B • 6. E

C2

1. forkert • 2. rigtigt • 3. forkert • 4. rigtigt • 5. rigtigt • 6. forkert • 7. rigtigt • 8. forkert

Transkription

I Danmark er der mange, som bor sammen uden at være gift. Samlevere er på mange områder ligestillet med gifte par; det gælder især, når de har børn sammen. Den danske folkekirke er en statskirke. Man har altså ikke to vielsesceremonier som i Tyskland. Hvis man tilhører en ikke anerkendt kirke eller overhovedet ingen kirke, kan man blive gift på rådhuset. Hver især kan beholde sit efternavn eller tage et fælles efternavn. Der er også mange par, som vælger et dobbeltnavn. Til kirkebrylluppet er bruden for det meste klædt i hvidt med lang kjole og slør. Efter vielsen holder man en stor fest med familie og venner. Ved bordet holder man taler, og man synger sange med egne tekster til kendte melodier. Festen holdes ofte i et forsamlingshus, på en kro eller på et hotel. Ifølge statistikken går hvert tredje ægteskab i opløsning efter nogle få år.

15 Om mennesker og følelser

A1

sige ja tak: Vi siger „Tusind tak for indbydelsen" og gleder os til … ; Tak, vi kommer gerne til … .; Hjertelig tak, det passer fint.; Tak skal I have. Vi gleder os meget til at komme.
hverken ja eller nej: Det kommer an på, om … ; Vi håber, at vi kan komme.; Jeg ved ikke, om … ; Tak skal I have, men vi kan endnu ikke sige det sikkert.
sige nej tak: Jeg er ked af det, men … ; Vi er desværre optaget den … ; Jeg ville gerne komme, men …

A3

at mødes – sich treffen • at ses – sich sehen • at snakkes ved – sich unterhalten

B1

fornuftig • tålmodig • rar • interesseret • stærk • blid • venlig • morsom • sød • glad

B2

1. B • 2. C • 3. A

B4

1. **Blid** og **tålmodig** sønderjysk mand på **50** år med mange interesser, specielt **computer** og **fotografi**, søger kvindeligt bekendtskab, helst med bopæl i **Esbjerg** eller omegn, **så** vi kan **mødes**. Jeg **besvarer** alle henvendelser med vedlagt **foto**.

2. Jeg søger en **kærlig** og **reel** mand med **humor** at skrive **sammen** med. Jeg er en **fraskilt** kvinde på **65** år, **ikkeryger** og har et **lyst** sind. Mine interesser er **camping** og **rejser**. Jeg har selv **bil** og **campingvogn**. Desuden kan jeg lide **naturen**, **dans**, **musik** og hjemlig **hygge**.

B5

unangenehm, eklig • unnormal • unbekannt • unnatürlich • unkompliziert • inkorrekt • unmöglich • unehrlich • unmusikalisch • unbegabt • unverheiratet • unsicher • unmodern • unpopulär • ungenau

B6

1. Pippi Langstrømpe • 2. Julemanden

Transkription

1. Hun er en dristig pige på tolv år. Hun har langt rødt hår, som er flettet i to strittende fletninger, og så har hun massevis af fregner i ansigtet. Hun går altid i korte nederdele og ulige lange sokker. Hun bor i et stort gammelt hus sammen med sin hest og sin abe. Hun er meget stærk og kan løfte sin hest over sit hoved i strakte arme.

2. Han er ikke særlig høj, men temmelig kraftig. Han er meget gammel. Han har et blidt ansigt og en stor næse. Han har et stort hvidt skæg og hvidt hår. Hans

tøj er rødt. Røde bukser og en rød jakke. Omkring sin store mave har han et sort bælte. Desuden har han altid en rød nissehue på hovedet. Han arbejder hele året, men har mest travlt i december måned.

C1
1. krænket • 2. arrig • 3. sur • 4. ked af det • 5. fornøjet • 6. glad

C2a
blid, blidere, blidest, den / det / de blideste • moderne, mere moderne, mest moderne, den / det / de mest moderne

C2b
... (ikke) så ... som ... • ... lige så ... som ... • ... end ... • endnu ... end ...

16 Bilisme

Auftakt
dør = Tür • forlygte = Vorderlicht • kofanger = Stoßstange • frontrude = Vorderscheibe • motorhjelm = Motorhaube • bremselygte = Bremslicht • blinklys = Blinker • hjul = Reifen • spejl = Spiegel

A2
skal udskiftes • skal repareres • skal skiftes • skal kontrolleres • skal checkes • skal indstilles

B2a
blev knust • blev slæbt • var blevet inspiceret • var blevet checket • var blevet indstillet • var blevet kontrolleret

B2b
Transkription

1 forrude:	1.800,- kroner
arbejdsløn (udskiftning af ruden):	350,- kroner
1 dæk:	475,- kroner
arbejdsløn (udskiftning af dæk)	300,- kroner
1½ liter olie:	115,- kroner
1 lyspære:	90,- kroner
i alt:	3.130,- kroner
moms 25 %:	782,50 kroner
total:	3.912,50 kroner

C1a
at = dass • for at = um zu • fordi = weil • men = aber • når = (immer) wenn • om = ob • selvom = obwohl

C2
enighed: Jeg er helt enig med dig. • Det er fuldstændig rigtigt. • Lige præcis. • Det har du ret i.

uenighed: Jeg er ikke enig med dig. • Det synes jeg ikke. • Nej, tvertimod! • Jeg synes ikke, du har ret.

17 Erhverv

A1
1. jordemor • 2. murer • 3. programmør • 4. advokat • 5. lægesekretær • 6. snedker • 7. vvs-installatør • 8. pædagog

B2
Hotel Danica: 2., 5. • **lægehuset:** 4., 6. • **Teknocon:** 1., 3.

C3
1. Hun er fløjet. • 2. Ja. • 3. Hun skal starte den 15. august. • 4. Hun skal bo på hospitalet. • 5. Prøvetiden er på 3 måneder.

Transkription
- Goddag.
- Hej! Du må være Christa Weber. Velkommen til Danmark og til Rigshospitalet!
- Tak skal du have.
- Værsgo at sætte dig ned. Har du haft en god tur?
- Tak, flyrejsen til København gik fint, men fra lufthavnen og hertil tog det længere tid, end jeg havde regnet med.
- Det er helt i orden. Det var godt, du kunne komme for at præsentere dig personligt og for at se stedet.

- Det er jeg også glad for. København er lige så flot, som jeg havde regnet med, men virker ikke så stor.
- Christa, vi har jo allerede snakket sammen i telefonen, og jeg er overbevist om, at du er den bedste til stillingen. Nu har jeg et spørgsmål til dig: Kunne du måske begynde endnu tidligere, end vi havde aftalt? Jeg havde forestillet mig den 15. august.
- Det er allerede om to måneder! Jeg ved ikke, om jeg kan nå at flytte så hurtigt.
- På hospitalet har vi et sted, hvor du kan bo i prøvetiden. Så har du god tid til at finde dit eget sted at bo og til at flytte dine ting senere.
- Ja, til at starte med klarer jeg mig nok med det vigtigste. Hvor lang er prøvetiden i øvrigt?
- Den er på tre måneder. Dit dansk er meget godt, men ved du, at du har ret til et gratis sprogkursus her i København?
- Ja, det ved jeg godt, men er det også muligt at gå på kursus for viderekomne?
- Ja, det er det. Nu vil jeg vise dig afdelingen, du skal arbejde på …

C5
en lommeregner

C6
A 7. • B 2. • C 5. • D 6. • E 1. • F 4. • G 8. • H 3.

18 Bolig

A2
lænestol • køkkentæppe • køkkenstol • køkkenskab • køkkenbord • køkkenlampe • køkkenvask • badekar • bogreol • sofabord • håndvask • gulvtæppe • gulvlampe • køleskab • dybfryser • natbord • natlampe • garderobeskab

C2a
tilfredshed:
Det her dobbelthus er absolut efter min smag! • Jeg kan rigtig godt lide det her værelse. • Jeg er utrolig glad for min nye lejlighed! • Det er et enormt flot hus, der står til salg!

utilfredshed:
Det er ærgerligt, at lejligheden allerede er udlejet! • Jeg er ikke særlig glad for at bo i stueetagen. • Det ærgrer mig, at rækkehuset er så dyrt!

C3c
Transkription
Christa Weber søger en ny lejlighed. Hun har nu boet i hospitalets lille lejlighed i over tre måneder, og hun har i lang tid kigget efter en ny lejlighed på internettet. I går fandt hun endelig en annonce, som hun kunne lide. Christa ringede straks til ejeren for at aftale en tid. I dag er hun kommet for at se lejligheden. Hun står foran en typisk dansk villa lidt uden for centrum. Hun ringer på døren, og en pige på omkring tolv år åbner. Christa hilser venligt på hende. Så spørger hun, om hendes forældre er hjemme. Pigen kalder højt på sin far, men han står allerede bag hende. Morten Hansen og Christa Weber hilser høfligt på hinanden, og Morten beder hende komme indenfor. Han vil først vise hende lejligheden, og han foreslår, at de derefter drikker en kop kaffe sammen. Morten fortæller, at lejligheden er på første sal, mens han og hans familie bor i stueetagen. Christa siger, at hun er ret begejstret for lejligheden, især fordi alle rummene er så lyse. Dog synes hun, at huslejen er for høj. Christa er ikke helt sikker, og Morten kommer med et forslag: Hun betaler 400 kroner mindre i husleje, men til gengæld skal hun af og til være barnepige for Morten og Annes tre børn. Det er Christa med på, og mens de bagefter drikker kaffe, underskriver hun lejekontrakten. Christa er meget tilfreds med sin nye lejlighed. Nu skal hun bare organisere flytningen.

19 I weekenden

A2b
Okay! • Alle tiders! • Det lyder skægt! • Helt i orden! • Det er en god idé!

A3a
De taler om en roman og om en fest.

Transkription

- Hej, Christa! Sikke en anstrengende dag! Heldigvis har vi fri i weekenden. Har du nogen planer?
- Næ, jeg har bare tænkt mig at læse en roman af Hanne-Vibeke Holst, som jeg har fået anbefalet. Hvad med dig?
- Andreas og jeg skal i byen i morgen.
- Nå. Hvor skal I hen?
- Vi skal til fest. Det er min fætter Mads, som holder housewarming i sin nye lejlighed. Han er flyttet til København for to uger siden. Du kunne tage med!
- Ja, det vil jeg gerne, men tror du virkelig, at jeg bare sådan kan tage med uden at være inviteret?
- Ja, det kan du sagtens. Mads elsker at lære nye mennesker at kende.
- Mener du virkelig, at jeg kan tage med? Hvad nu, hvis din fætter ikke er indforstået? Det er lidt anderledes i Tyskland. Der skal man helst inviteres.
- Ja, sådan er det faktisk også i Danmark. Jeg skal nok ringe til Mads og spørge ham, men jeg er sikker på, at det er i orden. Har du så lyst til at komme med?
- Ja, det vil jeg meget gerne!

B2b

blev de stående • talende • smilende • anstrengende • strålende

C1

1. rigtigt • 2. forkert • 3. forkert • 4. rigtigt

C2

- Hvad **synes** du om festen, Christa? Det var sjovt, **ikke**?
- **Jo**, det har du ret i. Jeg **synes**, det var interessant at være sammen med så mange danskere. Jeg **stod** og **snakkede** så meget, at jeg **næsten** glemte at spise. Og da vi begyndte at **danse**, havde jeg det **rigtig** skægt.
- Mads var i hvert **fald** rigtig glad **for**, at du var med, Christa.
- **Tror** du det?
- Ja, **helt** sikkert. Andreas, hvad **synes** du egentlig om Mads' venner?
- De **fleste** var rigtig søde, men nogle af pigerne var **lidt** snobbede, **synes** jeg.
- Ja, det har du ret i, men jeg **tror** ikke, det er nogen af Mads' rigtig gode **venner**. Jeg havde i hvert fald **aldrig** set dem før. **Synes** du forresten ikke, det var en rigtig god bar, Mads **havde** organiseret?
- **Jo**, helt klart. Det var skægt selv at **kunne** mikse drinks.
- Ja, **men** jeg drak alt for **mange**!

20 Festlige lejligheder

Auftakt

Der skal laves kødboller / frikadeller.

A1a

1. forkert • 2. rigtigt • 3. forkert • 4. rigtigt • 5. rigtigt • 6. forkert

Transkription

Christa Weber er lige kommet tilbage fra juleferie hos sin familie i Köln. Hun har haft fri fra hospitalet i juledagene, og i morgen aften har hun aftenvagt. Det var lidt trist at sige farvel til familien, men hun har ellers ikke haft hjemve i de sidste måneder. Christa er glad for sin nye lejlighed og for sit arbejde på Rigshospitalet. Hun har nogle søde kollegaer og er især glad for Pernille Nygård, som hun efterhånden er blevet gode veninder med. Det går også rigtig godt med at tale dansk, synes hun. Christa har blot været hjemme i få timer, da telefonen ringer. Det er Pernille.

A1b

1. d. • 2. e. • 3. f. • 4. b. • 5. c. • 6. a.

Transkription

- Hej Christa,velkommen tilbage! Og glædelig jul!
- Glædelig jul, Pernille! Har du det godt?
- Ja, det går fint. Andreas og jeg er ved at arrangere nytårsaften hjemme hos os. Vi holder sammenskudsgilde. Har du lyst til at komme med? Så kan du opleve en typisk dansk nytårsaften.
- Tak, det vil jeg rigtig gerne!
- Har du lyst til at hjælpe mig med at lave kransekage i morgen? Det er en traditionel kage af marcipan, som man spiser i Danmark ved festlige lejligheder.
- Ja, meget gerne. Hvornår skal jeg komme hjem til dig?
- Ville det passe dig om eftermiddagen ved totiden?

- Ja, det passer fint. Jeg har aftenvagt fra klokken otte.
- Alle tiders! Så ses vi i morgen!
- Det er en aftale. Hej hej!
- Hej hej, Christa!

A2

efter at • mens / så (at) • efter at • mens • efter at • så (at) • mens

A3

1. Hun er meget spændt. • 2. Hun har købt kjolen på Strøget. • 3. Pernille er i køkkenet. • 4. Nej, hun har en salat med. • 5. Hun synes at den har en smadderflot farve og at den passer fantastisk til Christas øjne. • 6. De vil høre Dronning Margrethes nytårstale.

Transkription

Den 31. december: Christa er meget spændt på at skulle være med til en typisk dansk nytårsaften. Hun har været på Strøget for at købe en ny festkjole. Da hun om aftenen træder ind i lejligheden hos Pernille og Andreas, kommer Pernille løbende fra køkkenet. Hun giver Christa et stort knus.

- Hej og tak for sidst, Christa!
- Selv tak, Pernille og mange tak for indbydelsen!
- Tak fordi du ville komme! Det var forresten sjovt at lave kransekage sammen med dig.
- Ja, det synes jeg også. Værsgo, her er salaten, som jeg har med til tag-selv-bordet.
- Tusind tak skal du have. Andreas, gider du godt stille den her skål på bordet? Men, Christa, hvor ser du godt ud! Sikke en flot kjole!
- Tak, den har jeg købt til lejligheden.
- Det er en smadderflot farve! Den passer fantastisk til dine øjne!
- Det er jeg glad for, at du synes.
- Kom, lad os gå ind i stuen til de andre. Vi skal høre Dronning Margrethes nytårstale i fjernsynet og skåle i champagne ...

A4

En vigtig del af nytårsaften er Dronning Margrethes **nytårstale**, der starter klokken 18 i **fjernsynet**. Derefter fejrer man med god **mad** som rejer, laks, oksekød eller torsk. Mange danskere har det også **sjovt** med musik og dans. Børnefamilier og andre, der ikke **holder** stor fest, **hygger** sig med at spille et **spil** eller måske ser man en god **film** og spiser slik. For mange **hører** "90-års-fødselsdagen" med til nytårsaften.
Ved **midnat** holder de fleste øje med klokken. Med et glas **champagne** og et stykke **kransekage** i hånden ønsker man godt **nytår** til dem, man er sammen med. Derefter **synger** eller nynner man sangen "Vær velkommen, Herrens år". En ny skik er at hoppe ned fra en **stol** og ind i det nye år.
Mange går ud bagefter og ser **fyrværkeri** eller skyder raketter af selv. Derefter fortsætter man med **festen** eller man får en **hyggesnak** eller lidt natmad for at **hilse** det nye år velkommen.

B2

1. c. • 2. e. • 3. b., c., f. • 4. c., f. • 5. a. • 6. b., c., d.

C1a

1. ca. 5,5 millioner • 2. ca. 1,7 millioner • 3. på Sjælland • 4. ca. 1.400 • 5. Stortinget • 6. ca. 400 kilometer • 7. Møllehøj (170,86 m) • 8. Fyn og Sjælland • 9. Dannebrog • 10. Der er et yndigt land.

Lösungen zum Übungsbuch

1 Det første møde

1
8.34 – godmorgen, hej • 13:05 – dav, hej, goddag, davs • 19:47 – godaften, hej, davs • 22:50 – godaften, hej

2
1. Hvad hedder du? • 2. Hvor kommer du fra? • 3. Hvor bor du?

3
1. Jeg … • 2. Hvad … ? • 3. Hvor … ? • 4. kommer • 5. i • 6. Er … ? • 7. navn • 8. bor • 9. også • 10. det

4
senkrecht: italiensk • russisk • hollandsk • fransk
waagerecht: tysk • græsk • polsk • svensk • tyrkisk • engelsk

5
1. Jeg er på ferie. • 2. Jeg taler lidt dansk. • 3. Jeg kommer fra Tyskland. • 4. Jeg bor i Köln. • 5. Jeg går til dansk på aftenskole.

6
1. Finland • 2. Sverige • 3. Norge • 4. Danmark • 5. Holland • 6. England • 7. Tyskland • 8. Frankrig • 9. Italien • 10. Grækenland • 11. Spanien • 12. Rusland • 13. Polen • 14. Tyrkiet

7
1. c. • 2. a. • 3. e. • 4. d. • 5. b.

8
tolv • tre • to • fem • en • ni • fire • ti • nul • elleve • seks • otte
▸ **syv** fehlt

9
1. tre + seks – ni = nul • 2. fire + otte – ti = to • 3. tolv – elleve + fem – tre = tre • 4. en + seks + to + tre – fire = otte • 5. ti – fem + seks - otte + ni = tolv

Lösung = lotto

10
1. i, i • 2. fra, fra • 3. i, på • 4. til, på • 5. fra

11
- **Hej.**
- Hej.
- **Hvad hedder du?**
- Jeg hedder Per. Hvad med dig?
- **Jeg hedder . . . . Hvor kommer du fra?**
- Jeg bor i Danmark, men jeg kommer fra Sverige.
- **Taler du tysk?**
- Nej, ikke tysk, men engelsk og lidt fransk. Taler du tysk?
- **Ja, lidt. / Nej, jeg taler kun . . . / Nej, jeg taler ikke tysk.**

12
1. at være / at komme • 2. at gå / at være • 3. at være • 4. at tale • 5. at bo / at være

13
- Goddag. Mit **navn** er Birgit Schröder.
- **Goddag.** Jette Nyholm. Hvor kommer du **fra**?
- Jeg **kommer** fra Tyskland, fra Rostock. Og **hvad** med dig?
- Jeg kommer fra Tønder i Jylland. **Taler** du dansk?
- Ja, jeg går til dansk på **aftenskole**.
- **Bor** du i Danmark?
- Nej, jeg er **på** ferie. Taler du **tysk**?
- Ja, tysk **og** engelsk. Og **lidt** spansk.
- Imponerende!

14

informell	formell
Hej!	Godmorgen!
Dav!	Goddag!
Davs!	Godaften!
Hav det godt!	Godnat!
Vi ses!	Farvel!
Hej! Hej!	På gensyn!

16

1. Jeg hedder ... .
2. Jeg kommer fra ... .
3. Jeg bor i ... .
4. Er du dansker?
5. Taler du tysk?
6. Er du på ferie?
7. Går du til dansk på aftenskole?

2 At lære hinanden at kende

1

1. Bagenkop ▸ Langeland.
2. Frederikshavn ▸ Vendsyssel-Thy.
3. Faaborg ▸ Fyn.
4. København ▸ Sjælland.
5. Nykøbing Falster ▸ Falster.
6. Rødby ▸ Lolland.
7. Rønne ▸ Bornholm.
8. Ærøskøbing ▸ Ærø.

2

- Hej!
- Hej!
- Hvad hedder I?
- Mit navn er Lene, og det er min mand Svend. Og hvad hedder I?
- Jeg hedder Erik, og det er min kone Birthe.
- Hvor kommer I fra?
- Vi er fra Sønderborg. Og hvor kommer I fra?
- Vi bor i Ribe, men jeg kommer fra Maribo. Og Svend kommer fra Vindebæk.
- Hvor ligger det?
- Det ligger på Møn.

3

1. b. • 2. c. • 3. e. • 4. f. • 5. a. • 6. d.

4

1. Hvad hedder han? • 2. Bor de også her i Ribe? • 3. Er I gift? • 4. Hvor ligger Samsø? • 5. Hvor kommer de fra? • 6. Hvem er det på billedet?

5

- **Jeg** hedder Pia. Hvad hedder **du**?
- Jeg hedder Mikkel. Og **det** er min kone Freja. Hvor kommer **du** fra?
- **Jeg** kommer fra Frederikshavn. Hvor kommer **I** fra?
- **Vi** bor i Løkken. Er **du** gift?
- Ja, min mand hedder Peter. **Han** er tysker.
- Har I børn?
- Ja, **vi** har to børn, Hans og Anna. **De** er på ferie i Tyskland sammen med Peter.

7

1. Hvad hedder han? • 2. Er hun gift? • 3. Har de børn? • 4. Hvad hedder I til efternavn? • 5. Taler du ... ? • 6. Hvem er det? • 7. Er du ... ?/ Er du fra ... ?

8

1. hedd**er** • 2. tal**er** • 3. bo**r** • 4. ha**r** • 5. stav**er** • 6. gå**r**

9

senkrecht: Rødby • Ribe • Faaborg • Bagenkop • Rønne
waagerecht: København • Frederikshavn • Løkken • Nykøbing • Haderslev

10

- **Hej.**
- Hej.
- **Hvad hedder du?**
- Jeg hedder Emma. Og hvad hedder du?
- **Jeg hedder .... Hvad hedder du til efternavn?**
- Mogensen. Og hvad hedder du til efternavn?
- ...
- Hvordan staver man til dit efternavn?
- ...

11

1. Hvad ... ? • 2. Hvem ... ? • 3. Hvor ... ? • 4. Hvem ... ? • 5. Hvordan ... ? • 6. Hvordan ... ?

12

1. b. • 2. c. • 3. d. • 4. a. • 5. e.

13

1 Bodil Jensen • 2 Signe og Kjeld Lund • 3 Frida Jensen • 4 Leif Holm • 5 Ole og Trine Møller

14
tretten • femten • tyve • nitten • sytten • fjorten • seksten
▸ **atten** fehlt

15
1. 11 + 6 = 17 • 2. 16 + 2 = 18 • 3. 13 + 2 = 15 • 4. 20 − 6 = 14 • 5. 19 − 12 = 7 • 6. 15 − 9 = 6

16
Die Sprachmelodie entspricht in etwa dem Deutschen und die Intonation geht am Ende der Fragesätze etwas hoch, während sie bei Aussagesätzen relativ gleichmäßig bleibt.

17
1. Det er min kone / min mand.
2. Hvad hedder du til efternavn?
3. Jeg har to børn.
4. Hvordan staver man / du til ...?
5. Har du en e-mailadresse?
6. Hvordan går det (med dig)? / Hvordan har ... det?

3 Noget at drikke og at spise

1
Vi spiser rugbrød, æg, ost, leverpostej, spegepølse, smør, syltetøj, honning, franskbrød, rundstykker og margarine.
Vi drikker mælk, te, juice, sodavand, urtete, kakao, kaffe og fadøl.

3
Anne og Morten Hansen bor i København. De er **gift**, og de har tre **børn**: Emilie, Rasmus og Josefine. Lille Josefine er et spedbarn. **Det** er fredag eftermiddag, og Anne er i køkkenet. **Hun** sidder og skriver en indkøbsliste. Hvad skal hun købe ind til **morgenmad**? Hun har brug for **kaffe**. Morten og Anne kan bedst **lide** at drikke kaffe til morgenmad. Og hun skal købe **mælk**, fordi Emilie og Rasmus drikker kakao. Okay. Hvad skal de **spise** til morgenmad? I hvert fald **skal** hun købe et **franskbrød** og et **rugbrød**. Anne har også brug for en bakke **æg**, fordi alle kan lide at spise æg om søndagen. Morten spiser yoghurt **med** mysli, derfor skal Anne også købe to bægre yoghurt. Og hun har også brug for to pakker **smør**. Søndag morgen skal Morten købe **otte** rundstykker og to stykker **wienerbrød** hos bageren.

4
1. Nej, de har tre børn. • 2. Anne / Hun er i køkkenet. • 3. Nej, Anne / hun sidder og skriver en indkøbsliste. • 4. Ja, det kan hun (godt). / Ja, hun kan godt lide (at drikke) kaffe. • 5. Nej, Morten skal købe rundstykker søndag morgen.

5
1. et • 2. et • 3. en • 4. en • 5. et • 6. en • 7. en • 8. en • 9. en • 10. en • 11. en • 12. en • 13. en • 14. en • 15. en

6
1. to tal • 2. tre terninger • 3. fire øer • 4. fem byer • 5. seks navne • 6. syv e-mailadresser • 7. otte pakker • 8. ni æg • 9. ti glas • 10. elleve kander

7
a. 46 • b. 93 • c. 17 • d. 67 • 3. 58 • f. 18 • g. 82 • h. 21 • i. 14 • j. 35 • k. 74 • l. 12

8
toogtredive • nioghalvfems • fireoghalvtreds • enogtres • seksogfirs • syvogtyve • femoghalvfjerds • otteogfyrre

9
1. b. • 2. c. • 3. d. • 4. a.

10
1. Jeg skal have en kop kaffe. • 2. Hvad skal du have? • 3. Skal I også have et stykke chokoladekage? • 4. Han kan også godt lide smørrebrød. • 5. Vil du ikke drikke et glas vin? • 6. Hun skal have en kop varm chokolade.

11
1. Det ... • 2. Jeg ... • 3. Det ... • 4. vi • 5. han • 6. Det ... • 7. de

12

- Hvad **vil** du have til morgenmad? Et rundstykke?
- **Nej tak**, ikke et rundstykke. Må jeg **få** et stykke rugbrød med leverpostej?
- Ja, det **må** du gerne. Hvad vil du have at **drikke**? En kop te?
- **Ja tak**, gerne.
- Jeg vil **også** have en kop te. Vil du have honning i teen?
- Ja, det vil jeg **gerne**. Det kan jeg **godt** lide.

13

1. drikke / have / bestille
2. have
3. få
4. drikke / have / bestille
5. bliver
6. passer

14

- Goddag.
- Goddag. **Hvad skal det være?**
- Jeg vil gerne have en hotdog og et bæger kaffe. **Må jeg få lidt mælk til?**
- **Ja, selvfølgelig.**
- Jeg vil gerne betale med det samme. **Hvor meget bliver det?**
- Det bliver 78 kroner.
- **Værsgo.** Her er 80 kroner. Det passer.
- Mange tak.
- **Selv tak.**

16

ka**kao** • **kan**de • **kø**be • **spe**gepølse • **kro**ner • God**dag** • **fransk**brød • **flas**ke • choko**la**de • **søn**dag • **ger**ne • **drik**ke • **styk**ke • **kyl**linge-sandwich • God**af**ten

17

1. Kan du godt lide ost?
2. Jeg vil gerne have fem rundtsykker.
3. Jeg vil gerne drikke mælk.
4. Hvad koster en kop kaffe?
5. Må jeg få fløde eller mælk (til)?
6. Vil du have salt og peber?

4 Fritid og ferie

2

1. godt • 2. også godt • 3. ikke • 4. heller ikke

3

1. besøge • 2. lave • 3. Tager …? • 4. rejser • 5. kører • 6. rejse • 7. spille • 8. skal

4

på onsdag • i overmorgen • om tre dage • i weekenden • i næste uge • om en måned • om otte uger • til næste år

5

mandag • tirsdag • onsdag • torsdag • fredag • lørdag • søndag

6

Transport

mit dem Auto fahren	at køre i bil
mit dem Motorrad fahren	at køre på motorcykel
mit dem Zug fahren / mit dem Flugzeug reisen	at rejse med tog / fly
mit der Fähre fahren	at sejle med færge

Unterkunft

auf einem Campingplatz übernachten	at bo på en campingplads
in einem Gasthof übernachten	at overnatte på en kro
in einer Jugendherberge übernachten	at overnatte på et vandrehjem
ein Ferienhaus mieten	at leje et sommerhus

7

Der er mange transportmuligheder, når man rejser **på** ferie til Danmark. Man kan køre **i** bil eller **i** autocamper. Man kan også tage campingvogn **med**. Hvis man ikke har så meget bagage, kan man køre **på** cykel eller **på** motorcykel. Det er også muligt at rejse **med** tog eller **med** bus. Og man kan endda rejse **med** fly til Billund, Aalborg eller København. Man kan også sejle til Danmark **med** færge eller båd. I Danmark kan man bo **på** en campingplads, eller man kan overnatte **på** et hotel, en kro eller **på** et vandrehjem. Mange steder er der endda mulighed for at bo privat **på** en bed and breakfast.

8
1. mit • 2. hvordan • 3. færge • 4. sovepose

9
1. et kamera • 2. en kuffert • 3. et kørekort • 4. et liggeunderlag • 5. en lommelygte • 6. et pas • 7. en pung • 8. en regnjakke • 9. en rejsetaske • 10. en rygsæk • 11. en sovepose • 12. et telt • 13. et vejkort • 14. et sommerhus • 15. en campingplads

10
kameraer • kufferter • kørekort • liggeunderlag • lommelygter • pas • punge • regnjakker • rejsetasker • rygsække • soveposer • telte • vejkort • hoteller • busser • fly

11
1. dit • 2. mit/mine • 3. mine • 4. dit • 5. din • 6. mit • 7. dit • 8. dine

12
6. De kan begge to godt lide at rejse.
2. Han kommer fra Ebeltoft, men bor nu i Aalborg.
5. Trine kan tale engelsk, tysk og lidt spansk.
7. I juni måned rejser de til Norge sammen, og de planlægger rejsen nu.
1. Søren Andersen er 28 år gammel.
4. Hun kommer fra Sæby, og hun fylder snart 27 år.
3. Trine Møller er Sørens kæreste.

13
1. Hvad kan de begge to godt lide? • 2. Taler Trine fransk? • 3. Hvor bor Søren (nu)? • 4. Hvor kommer Søren fra? • 5. Hvor bor Trine? • 6. Hvor gammel er Søren?

14
Die Konsonanten **b**, **f**, **l**, **m**, **n** und **s** werden immer gleich gesprochen. Die Aussprache entspricht dabei dem Deutschen; das **s** ist jedoch immer scharf.

16
1. Hvad laver du i din fritid?
2. Hvad skal du (lave) i weekenden?
3. Rejser du med tog til Danmark?
4. Skal/Vil du overnatte på hotel?
5. Jeg er ... år gammel.
6. Hvad er dit telefonnummer?

5 Sommerhusudlejning

1
Børnevenligt sommerhus tæt på stranden • Stort sommerhus til 10 **personer** • Sommerhus med gode **fiskemuligheder** • Sommerhus med gratis **trådløst** internet • Miniferie i sommerhus med **spa** • Sommerhus med flot **havudsigt** • Ferie med **hund** i sommerhus • Dejligt sommerhus ved **klitterne** • Traditionelt sommerhus i **træ** • Lækkert **luksus-sommerhus**

2
381 • 458 • 534 • 662 • 725 • 993

3
a. et hundrede treogfyrre • b. to hundrede femogtres • c. tre hundrede og fjorten • d. fire hundrede niogfirs • e. fem hundrede tooghalvfjerds • f. seks hundrede seksoghalvfems • g. syv tusind syv hundrede fireogtredive • h. otte tusind ni hundrede otte og halvtreds • i. ni tusind syv hundrede syvogtyve

4
1. dvd-afspiller • 2. barnestol • 3. brændeovn • 4. barneseng • 5. havemøbler

5
et hus, huset, huse, husene • et værelse, værelset, værelser, værelserne • en seng, sengen, senge, sengene • et skab, skabet, skabe, skabene • en maskine, maskinen, maskiner, maskinerne • et køkken, køkkenet, køkkener, køkkenerne • en ovn, ovnen, ovne, ovnene • en have, haven, haver, haverne

6
en: kaffemaskine, vaskemaskine, opvaskemaskine, brændeovn, mikrobølgeovn, enkeltseng, køjeseng, dobbeltseng
et: sommerhus, feriehus, badeværelse, soveværelse, badekar

8

Hyggeligt **feriehus** beliggende på en lille bakketop med **udsigt** over markerne. Der er både åben og overdækket **terrasse** med havemøbler. **Badeværelse** med badekar. Åbent **køkken** med elkomfur og opvaskemaskine. Hyggelig stue med **brændeovn**, fjernsyn med parabol samt video og **stereoanlæg**. Et soveværelse med dobbeltseng og ét med **køjeseng**. Barneseng, barnestol, sandkasse og **gynger** til børnene. I skuret er der **fryseskab**, vaskemaskine, bruser og en lille sauna. **Rygning** i huset frabedes. 70 m^2. Sengeplads til 4 **personer**. 900 meter til **havet**. Slutrengøring er **inkluderet**. Depositum 840 kr. Vandafgift. Pris: **3.470** kr. pr. uge.

9

I Løkken regner det / er det regnvejr. Det blæser i Tønder. I Haderslev er det tordenvejr. Det er overskyet i Odense. Det er snevejr i København. I Rønne skinner solen.

11

1. Til sommer vil vi rej**s**e til Danmark. • 2. Vi vil gerne leje et s**o**mmerhus der. • 3. På terrassen skal der stå have**m**øbler. • 4. Vi har brug for vaskemaskine og tørretu**m**bler. • 5. Børnene kan sove i **e**nkeltsengene. • 6. I badeværelset skal der være et badeka**r**. • 7. I **h**aven vil vi gerne have en sandkasse. • 8. Hvad koster sommerhuset per **u**ge? • 9. Er **s**lutrengøring inkluderet? • 10. Skal vi betale vanda**f**gift? • 11. Er der ellers nog**e**t for børn? • 12. Er **r**ygning tilladt? • 13. Hvor f**i**nder jeg vaskemaskinen? • 14. Skal vi ikke lej**e** sommerhuset?

Sommerhusferie i Danmark! Det er udmærket!

13

1. Dejligt [d], moderne [d] sommerhus med [-] gode [ð] fiskemuligheder [ð].
2. Er husdyr [d] tilladt [-]?
3. De [d] holder [-] ferie med [-] hund [-] i Danmark [d].
4. Der [d] er mange nordmænd [-] [-] og tyskere.
5. Huset i Hvide [ð] Sande [-] har brusebad [ð] og badekar [ð].
6. Findes [-] der [d] brændeovn [-] i opholdsstuen [-]?

14

1. Kan man / jeg fiske der?
2. Er hunde tilladt?
3. Hvad synes du om vejret?
4. I morgen skal det regne. / Det skal regne i morgen.

Test 1

1. Ordforråd

1.

at gå ture / til koncert / i biografen • **at se** fjernsyn / en film • **at spille** klaver / fodbold / computerspil / golf / kort • **at lave** frikadeller / morgenmad • **at tage** til Legoland / til stranden • **at høre** musik / hørespil

2.

2. • 4. • 6. • 7. • 8. • 10. • 12.

2. Læseforståelse

1. forkert • 2. forkert • 3. rigtigt • 4. rigtigt • 5. rigtigt • 6. forkert

3. Lytteforståelse

1. b. • 2. nr. 158 • 3. a. • 4. ca. 750 m • 5. b.

4. Kommunikative udtryk

1. Jeg hedder … • 2. Vil du godt stave dit efternavn? • 3. Hvor kommer du fra? • 4. Er du gift? • 5. Har du børn? • 6. Jer er … år (gammel). • 7. Jeg vil gerne spise / bestille en hotdog. • 8. Jeg vil gerne have en kop kaffe. / Må jeg få en kop kaffe? • 9. Må jeg få lidt mælk til? • 10. Jeg vil gerne betale med det samme. • 11. Det passer. • 12. Mange tak og farvel.

5. Grammatik

2.

Mikkel Pedersen **er** 55 år gammel. Han **kommer** fra Løkken, men **bor** i Frederikshavn nu. Astrid Krogh-Pedersen er Mikkels kone. Hun **fylder** snart 51 år. Astrid **kan** tale engelsk, fransk og lidt tyrkisk. De **kan** begge to godt lide at rejse. Til sommer **skal** de rejse de til Sverige. Mikkel og Astrid **vil** køre i bil og de vil **overnatte** på hotel.

6 På indkøb

1

en agurk, -en, -er, -erne • en appelsin, -en, -er, -erne • en aubergine, -n, -r, -rne • en banan, -en, -er, -erne • en blomme, -n, -r, -rne • en fersken, -en, ferskner, fersknerne • en gulerod, -en, gulerødder, gulerødderne • et hvidløg, -et, -, -ene • et jordbær, -ret, -, -rene • en kartoffel, kartoflen, kartofler, kartoflerne • et kirsebær, -ret, -, -rene • et løg, -et, -, -ene • en peberfrugt, -en, -er, -erne • en pære, -n, -r, -rne • en squash, -en, -, -ene • en tomat, -en, -er, -erne • en vindrue, -n, -r, -rne • et æble, -t, -r, -rne • en ært, -en, -er, -erne

2

fin: et fint æble • fine æbler • fine gulerødder • Æblerne er fine. • Guleroden er fin.

god: en god pære • gode pærer • gode hvidløg • Blommerne er gode. • Peberfrugten er god.

gammel: en gammel tomat • gamle tomater • en gammel banan • Auberginerne er gamle. • Æblet er gammelt.

dyr: dyre blommer • et dyrt jordbær • dyre vindruer • Appelsinerne er dyre. • Squashen er dyr.

lille: et lille kirsebær • et lille løg • små agurker • Jordbærrene er små. • Tomaterne er små.

3

1. sukker • 2. olie • 3. fløde • 4. kalkun • 5. squash

4

1. meget • 2. mange • 3. meget • 4. meget • 5. meget • 6. meget • 7. mange • 8. meget • 9. mange • 10. meget • 11. meget • 12. meget

6

1. Der er økologiske pærer på tilbud i dag. • 2. De koster 23 kroner per kilo. • 3. Morten skal købe peberfrugter, kartofler og tomater. • 4. Nej, men han skal købe et stykke oksekød. • 5. Det ligger bag køledisken. • 6. Nej, det har han ikke. • 7. Bag kassen, til venstre for udgangen. • 8. Morten får 213 kroner tilbage.

7

1. Dem • 2. Det • 3. Det • 4. De • 5. Den • 6. dem

8

1. foran butikken • 2. bag slagteriet • 3. i frugtafdelingen • 4. hos bageren • 5. ved kassen • 6. til venstre for køledisken • 7. på køledisken • 8. til højre for blommerne

10

1. Ich muss heute Briefmarken kaufen und die Briefe abgeben.
2. Wollen wir nicht Pflaumen kaufen?
3. Ich werde den Einkaufszettel nicht jetzt schreiben, sondern heute Abend.
4. Die Äpfel sollten morgen kommen.

13

1. Thorsten [t][d] køber tomater [t][d] og salat [d].
2. De er på ferie i sommerhuset [ð] ved Vestkysten [d] [d].
3. Om aftenen [d] spiser de frugt [d] i køkkenet [ð / d].
4. Der er tyske [t] kartofler [t] på tilbud [t].
5. Det [-] koster [d] ikke noget [ð] at [d] gå tur [t] i klitterne [d].
6. Sommerhuset [ð] er af træ [t] og ligger ved vandet [ð / d].
7. Efter [d] maden hygger de sig på terrassen [t].

14

1. Jordbærrene er små.
2. Æblerne er gamle.
3. Jeg spiser meget chokolade.
4. Hvad koster gulrødderne?
5. Hvor finder jeg slagteriet?
6. Jeg vil gerne have 500 gram hakket kød.
7. Jeg skal hæve penge i dag.
8. Jeg har brug for fire frimærker til 14,50 kroner.

7 Tiden går

1
1. e. • 2. d. • 3. b. • 4. h. • 5. c. • 6. j. • 7. f. •
8. a. • 9. g. • 10. i.

2
1. kl. 1 - 5 ▸ nat • 2. kl. 5 - 9 ▸ morgen •
3. kl. 9 - 11 ▸ formiddag • 4. kl. 12 ▸ middag •
5. kl. 13 - 18 ▸ eftermiddag • 6. kl. 18 - 23 ▸ aften •
7. kl. 24 ▸ midnat • 8. kl. 0 - 24 ▸ døgnet rundt

3
at lave lektier, morgenmad, aftensmad • at spise morgenmad, aftensmad • at være i skole, i seng, i bad • at komme hjem • at tage i skole, af sted • at høre musik • at stå op • at gå i bad, i skole, i seng • at se fjernsyn • at have frokostpause

5
1. En time har 3.600 se**k**under.
2. 15 minutter er et k**v**arter.
3. En uge har syv d**a**ge.
4. 365 dager er et å**r**.
5. En dag har 1.440 minu**t**ter.
6. Et år har tolv mån**e**der.
7. Et halvt år har ca. 26 uge**r**.

Lösungswort: kvarter

6
- Morten, hvad er dine planer for næste **uge**?
- På **mandag** skal jeg spille tennis, og på **onsdag** skal jeg til spansk.
- Emilie skal til klaver på **tirsdag** efter skolen. Henter du hende klokken **fem**?
- Ja, det skal jeg nok.
- Og **fredag** aften klokken **otte** skal Rasmus til klassefest. Kører du ham derhen?
- Ja, det skal jeg nok. Hvad med dig, hvad er dine planer?
- Jeg skal med Josefine til babysvømning **torsdag** morgen klokken **ni**. Kan du køre os derhen? Emilie og Rasmus skal i skole klokken **otte**. Kan du køre dem i skole først?
- Ja, jeg kører jer alle sammen.
- Du er en skat Morten.
- Har vi nogen planer i **weekenden**?
- Ja, på **lørdag** skal vi til Lasses fødselsdagsfest, og på **søndag** skal vi på skovtur.
- Sikke en uge!

7
1. Hvad skal Emilie på tirsdag?
2. Går Morten til spansk om tirsdagen?
3. Hvad skal Anne torsdag morgen / på torsdag?
4. Hvornår skal Rasmus til klassefest?
5. Hvad skal Morten og Anne på søndag?
6. Skal Morten spille tennis på … ?

8
1. Skal du spille tennis på onsdag?
2. Om tirsdagen spiller Mogens fodbold.
3. Om eftermiddagen spiller Emilie klaver.
4. Mandag aften går Klaus til dansk.
5. I weekenden går Morten og Anne til Lasses fødselsdag.

9
1. hende • 2. ham • 3. dem • 4. os • jer •
5. dig • 6. mig

10
tredje • fjerde • sjette • niende • ellevte • fjortende • syttende • nittende • syvogtyvende • enogtredivte

11
1. 18.07.1992 • 2. 08.12.2015 • 3. 02.03.1868 •
4. 31.05.1777 • 5. 12.11.1959 • 6. 06.02.1681

12
fødselsdag

13
1. - • 2. - • 3. april • 4. tirsdag • 5. juli • 6. mandag

15
1. Gerda [g] kan godt [g] lide dig [aj].
2. Jeg [aj / -]har en god [g] bog [u], som ligger [g] derhjemme.
3. Jeg [aj / -] går [g] i seng [ng] igen [g] efter morgenmaden [-].
4. Jeg [aj / -] har brug [-] for en internetadgang [g][ng].

5. En gang [g][ng] om ugen [-] arbejder de døgnet [j] rundt.
6. Han kender de rigtige [g][-] spørgsmål [-].

16

1. Ca. klokken otte går jeg på arbejde.
2. Går du til svømning om onsdagen?
3. Henter du mig klokken halv ti / enogtyve tredive?
4. Hvornår har du fødselsdag? / Hvornår er din fødselsdag?
5. Jeg vil gerne reservere et enkeltværelse til den 05. juni.
6. Jeg bliver i fem nætter.
7. Hvornår er der morgenbuffet?
8. Vil du godt gentage efternavnet?

8 Steder i byen

1

en bluse, -n, -r, -rne • bukser, -ne • en frakke, -n, -r, -rne • en hat, -ten, -te, -tene • en hue, -n, -r, -rne • en jakke, -n, -r, -rne • en kjole, -n, -r, -rne • en nederdel, -en, -e, -ene • en skjorte, -n, -r, -rne • strømpebukser, -ne • en sweater, -en, -e / sweatre, -ene / sweatrene • et jakkesæt, -tet, –, tene • et slips, -et, –, -ene • en sok, -ken, -ker, -kerne • en strømpe, -n, -r, -rne • en ballerina, -en, -er, -erne • en kondisko, -en, –, -ene • en støvle, -n, -r, -rne

2

- Kan jeg hjælpe med noget?
- Ja, jeg vil gerne se på et par ballerinaer.
- Hvilken farve skal de have?
- De skal helst være sorte.
- Hvad med dem her?
- De er meget flotte. Må jeg prøve dem?
- Hvilken størrelse bruger du?
- Jeg bruger størrelse 38.
- Ja, et øjeblik, så henter jeg dem til dig i din størrelse.

3

Det var heldigt, at .... • Sikke et held! • Jeg er så lettet over, at ... !

4

1. brune • 2. brun • 3. brune • 4. brunt • 5. brune • 6. brunt

6

1. Jakobs røde jakke • 2. den pinke bluse • 3. mit gamle jakkesæt • 4. Mettes brune støvler • 5. Jespers mørkeblå frakke • 6. den lysegrønne skjorte • 7. min grå kjole • 8. Katrines flotte hue • 9. dine stramme bukser • 10. den smukke frakke

7

1. blå, blåt, blå • 2. moderne, moderne, moderne • 3. flotte, flot, flot • 4. gamle, gamle, gammelt • 5. stramme, stramme, stramt • 6. norsk, norske, norske

8

1. frisør • 2. blomsterbutik • 3. apotek • 4. kro

9

1. hos • 2. på • 3. i • 4. i • 5. på • 6. hos

10

1. Ja, det gør vi. • 2. Ja, det er han. • 3. Nej, det kan han ikke. • 4. Nej, det er de ikke. • 5. Ja, det må du gerne. • 6. Nej, det gør de ikke. • 7. Nej, det har hun ikke. • 8. Ja, det skal vi.

13

1. Peter [p] og Katrine [k] er i byen.
2. Peter [p] har et par [p] bukser [g], en skjorte [g], et slips [b] og en frakke [g] på.
3. Katrine [k] har en jakke [g], en smuk [g] kjole [k] og strømpebukser [b][g] på [p].
4. Hun vil købe [k] en ny jakke [g], og de går ind i en tøjbutik [g].
5. Hun prøver [p] en pink [p][g] jakke [g] i tøjbutikken [g].
6. Den er smuk [g] og hun køber [k] den.
7. Peter [p] og Katrine [k] skal [g] spise [b] på [p] en kro [k] om aftenen.

14

1. Er blusen af silke?
2. Hvor er prøverummene?
3. Jeg gider ikke at shoppe.
4. Jeg har en kvittering.
5. Kan jeg få pengene tilbage?

6. Jeg skal nå så meget.
7. Har du en tid hos frisøren?
8. Har du / I et bord til fire personer?

9 Hjemme hos os

1
morfar, mormor, farfar og farmor = bedsteforældre • farens søster = faster • bror og søster = søskende • brorens datter = niece • sønnens kone = svigerdatter • morens far = morfar • morens bror = morbror • søsterens mand = svoger • farens mor = farmor • konens mor = svigermor

2
1. børnebørn • 2. børn • 3. søster • 4. onkel • 5. tante • 6. kusine • 7. farfar • 8. mormor

4
1. Nej, de bor sammen. • 2. De har tre børn. • 3. Mikkel, Sebastian og Matilde • 4. 15, 12 og 9 år • 5. Ja, de skal rydde op på deres værelser, dække bord og sætte i opvaskemaskinen. Desuden skal de passe deres kæledyr. • 6. Signe går tur med hunden om morgenen. • 7. Han gør rent.

5
1. jeres hus • vores hus: 2. jeres børn • vores børn • 3. deres pligter • vores søn, vores døtre, deres værelser

6
1. vores mor • 2. min far • 3. dine bedstefædre • 4. jeres brødre • 5. deres søstre • 6. jeres mødre • 7. dine børnebørn • 8. vores oldefar • 9. deres døtre • 10. jeres svoger

7
1. at bære affaldet ud • 2. at vaske op • 3. at dække bord • 4. at sætte i opvaskemaskinen • 5. at passe kæledyrene • 6. at tørre støv af • 7. at gøre rent • 8. at skifte sengetøj • 9. at pudse vinduer

10
1. en affaldsspand • 2. en hårtørrer • 3. en tandbørste • 4. en serveringsbakke • 5. en stegepande • 6. en støvsuger • 7. en barbermaskine • 8. en øloplukker • 9. et håndklæde • 10. en proptrækker • 11. et strygejern

12
1. Dronning Margrethe blev regent den 14. januar 1972.
2. Dronning Margrethes søstre hedder Prinsesse Benedikte og Prinsesse Anne-Marie.
3. Prins Henrik fyldte 80 år den 11. juni 2014.
4. Amalienborg Slot ligger i København.
5. Nej, Fredensborg Slot ligger på Sjælland.
6. På Fredensborg Slot holder kongefamilien fødselsdage, bryllupper eller sølvbryllupsfester.
7. Kronprinseparret bor på Amalienborg Slot.
8. Christian blev født den 15.10.2005; Isabella blev født den 21.04.2007; Vincent og Josephine blev født den 08.01.2011.

13
1. Mine forældre ['][r] og min mormor [']['] bor ['] i et grønt [r] hus [h].
2. Min søster [a] Rikke [r] har [h]['] tre [r] store ['] værelser ['][a].
3. Min bror [r]['] Ralf [r] hjælper [-][a] tit med at rydde [r] op.
4. Hvilke [-] pligter [a] har [h]['] jeres ['] børn ['] derhjemme [a][-]?
5. Prins [r] Henrik [h][r] kommer [a] fra [r] Frankrig [r] [r].
6. Kronprinseparret [r][r]['] har [h]['] fire ['] børn [']: to døtre [r] og to sønner [a].
7. Jeg skal bruge [r] en ny proptrækker [r][r][a] og et strygejern [r][a].
8. Min hårtørrer [h][']['][a] er [a] grå [r] og grim [r].

14
1. Min far hedder … / Min mor hedder … / Mine forældre hedder …
2. Jeg har to søskende.
3. Hvor gammel er din farbror?
4. Jeg har ingen nevøer eller niecer.
5. Har deres børn nogle opgaver derhjemme?
6. Drengene / Vores drenge skal bære affaldet ud.
7. Hvem tørrer støv af?
8. Jeg har brug for en ny stegepande.

10 I går og i lørdags

1

Christian: 1. fiskede • 2. arbejdede • 3. lavede • 4. gik • 5. var • 6. sang • 7. købte
Susanne: 1. hørte • 2. spiste • 3. drak • 4. shoppede • 5. så • 6. sov • 7. læste

2

11 • 5 • 13 • 1 • 4 • 8 • 9 • 2 • 7 • 3 • 12 • 10 • 6

3

1. stod op, gik i bad, spiste morgenmad • 2. gik på arbejde, arbejdede, havde frokostpause • 3. skrev en indkøbsseddel, kørte til supermarkedet, købte ind • 4. lavede mad, spiste, vaskede op • 5. kom hjem, ryddede op, så fjernsyn • 6. var træt, gik i seng, sov

5

Hvad **lavede** Nanna og Esben i går? De **stod** op klokken halv seks. Så **løb** de en halv time i skoven. De **vækkede** Lærke og Per klokken halv syv. Ved syvtiden **lavede** Esben morgenmad. Lærke og Per **tog** i skole klokken kvart i otte. Esben **var** på arbejde fra halv ni til halv fem. Nanna **arbejdede** hjemme og **besøgte** Esbens mor på plejehjemmet. Klokken atten **kom** Esben hjem fra arbejde, og så **spiste** familien aftensmad sammen. Klokken nitten **så** Nanna og Esben TV-avisen i fjernsynet, og derefter **læste** de avisen. Børnene **hyggede** sig med slik, og de **snakkede** sammen om skolen og vennerne. Klokken ni om aftenen **gik** børnene i seng. Ved ellevetiden **blev** alle trætte og **gik** i seng.

6

for en time siden • i morges • i går aftes • i torsdags • sidste måned • for seks uger siden • sidste år

7

1. For … • 2. I … • 3. Om … • 4. På … • 5. Til … • 6. I …

8

1. forkert • 2. forkert • 3. forkert • 4. rigtigt • 5. forkert • 6. rigtigt

9

1. ankom, gik • 2. meldte • 3. hjalp • 4. havde • 5. flyttede

10

1. c. • 2. a. • 3. g. • 4. h. • 5. d. • 6. b. • 7. e. • 8. f.

11

1. Hvilken … ? • 2. Hvilke … ? • 3. Hvilket …? • 4. … hvilket … ? • 5. … hvilken … ? • 6. Hvilke … ?

12

1. Hvad … ? • 2. Hvilken … ? • 3. Hvor meget …? • 4. Hvem …? • 5. Hvilket …? • 6. Hvornår …? • 7. Hvor mange …? • 8. Hvilke …?

14

1. Jesper [j] og Janne [j] gik en dejlig [aj] og sjov [sch][u] tur sammen i skoven [u].
2. Vi [w] var [w] hjemme [j] ved [w] ellevetiden [w] og så fjernsyn [j] i en halv [-] time.
3. Hvor [w] arbejder [aj] Vera [w] som sygeplejerske [aj] på et plejehjem [aj][j]?
4. Hun har travlt [u], fordi hun skal hjælpe [j] en veninde [w].
5. De rejste [aj] til København [u] og boede på vandrehjem [w][j] i et værelse [w] med mange køjesenge [oj].

15

1. Hvad lavede du i går?
2. I går stod jeg op klokken 8.
3. Hvilket husnummer har du? / Hvad er dit husnummer?
4. Hvilke danske skuespillere kan du godt lide?

Test 2

1. Ordforråd

1.

a. Klokken er … • b. … fem minutter i … • c. … kvart i … • d. … tyve minutter i / ti minutter over halv … • e. … ti minutter over … • f. … kvart over … • g. … fem minutter i halv … • h. … halv …

3. Lytteforståelse
1. b. • 2. Jette hævede penge og fortalte en ansat om problemerne med den nye online-konto. • 3. b. • 4. De skal spise oksesteg med kartofler, bønner og sovs. • 5. b.

4. Kommunikative udtryk
På restaurant: 5, 6, 10 • **I supermarkedet:** 2, 7, 12 • **I tøjbutikken:** 4, 8, 11 • **Hjemme:** 1, 3, 9

5. Grammatik
Fredag eftermiddag: Niels **sad** på arbejdet og **tænkte** på weekenden. Han **havde** en idé. Niels **skrev** en SMS til sin kone Sanne, at hun ikke **skulle** lave mad den aften. De **skulle** spise ude.
Fredag aften: På restauranten **kom** tjeneren straks med menukortet og **spurgte**, om de allerede **ville** have noget at drikke. Niels **bestilte / tog** en danskvand og en fadøl, Sanne **vidste** ikke rigtigt, hvad hun havde lyst til, men så **bestilte / tog** hun en cola. Tjeneren kom tilbage og **serverede** drikkevarerne.
Så **ville** hun vide, hvad de **skulle** have at spise. Niels **svarede**, at han gerne ville have tomatsuppe til forret. Til hovedret **bestilte / tog** han stegt ørred med kartofler og salat. Sanne **bestilte / tog** en rejecocktail til forret og oksekød med kartofler og ærter til hovedret. Det hele **smagte** godt, og de **gik** hjem meget tilfredse.

11 Om sundhed og sygdom

1
Hvad lavede Verner og Helle for ti år siden? De …
1. … var meget ude. • 2. … løb sammen. • 3. … dyrkede idræt. • 4. … dyrkede kampsport. • 5. … gik tit i sauna. • 6. … lo / svømmede / mediterede / løb meget. • 7. … lo / svømmede / mediterede / løb meget. • 8. … lo / svømmede / mediterede / løb somme tider. • 9. … spiste sund mad. • 10. … drak meget vand. • 11. … fik nok søvn. • 12. … slappede af regelmæssigt. • 13. … gik lange ture med hunden. • 14. … tænkte positivt.

2
1. ben • 2. næsen • 3. tænder • 4. kinder, knæene • 5. maven • 6. arme • 7. ører, øjne • 8. panden • 9. munden • 10. halsen • 11. fødder, fingre

3
1. min • 2. mit • 3. mit • 4. min • 5. min • 6. min • 7. min • 8. mit • 9. min • 10. min • 11. mit • 12. min • 13. min • 14. min • 15. min • 16. min • 17. mit • 18. mit

4
mine ankler, arme, ben, fingre, fødder, hænder, håndled, knæ, tænder, øjne, ører

5
Man kan …
1. **skære sig i** fingeren, armen, benet, øret, foden
2. **slå** armen, benet, næsen, hagen, knæet
3. **forstuve** håndleddet, fingeren, armen, foden
4. **brække** håndleddet, fingeren, armen, benet, næsen, knæet, foden, ryggen
5. **få noget i** øjet, næsen, øret

6
1. været • 2. brækket • 3. forstuvet • 4. slået • 5. fået • 6. skåret

7
1. Jeg har brækket benet. • 2. Siden i går eftermiddags. • 3. I forgårs. • 4. Jeg har ondt i halsen. • 5. Det gør ondt i maven.

8
1. dig • 2. sig • 3. jer • 4. mig • 5. sig • 6. os

9
1. sætte mig • 2. føler sig syg • 3. tabe jer • 4. tage os en middagslur • 5. hvile sig • 6. holde sig varm

11
1. Tag … • 2. hoste • 3. Drej … • 4. åbne • 5. Ræk … • 6. holde • 7. ånde • 8. klæde

13

1. Vi var på ferie med autocamper [k] i Danmark, da min mand Carsten [k] en aften brækkede sit ben. Jeg kunne ikke finde lægevagtens specielle [s] telefonnummer på min computer [k], så jeg ringede til alarmcentralen [s]. Cirka [s] 20 minutter senere kørte ambulancen [s] ind på campingpladsen [k].

2. Cecilie [s][s] elsker at dyrke sport. Hun cykler [s] tit og er meget ude, og hun kan godt lide at løbe i zoologisk [s] have. Om tirsdagen går hun til zumba [s] sammen med Caroline [k]. Bagefter plejer de at gå på café [k] og drikke en cola [k]. Hvis hun bliver syg, drikker hun varm te med citron [s] eller går til lægen og får en recept [s]. Så skal hun altid angive sit CPR-nummer [s].

14

1. Jeg har ondt i maven. / Jeg har mavepine.
2. Har du nogensinde forstuvet hånden / din hånd?
3. Han / Hun har lige skåret sig i fingeren.
4. God bedring.
5. Hvordan føler du dig?
6. Du burde hvile dig i en uge.
7. Jeg har mistet en fyldning.

12 Transport

2

knallert

3

1. b. • 2. d. • 3. e. • 4. c. • 5. f. • 6. a.

4

5 fejl: Statens Museum for Teknik • linje 6B • sjette stop • ca. tyve minutter • om morgenen

5

- Goddag. Hvornår **går** det næste tog til Aalborg?
- Et øjeblik … det næste tog **afgår** klokken 13.50 fra **spor** 4.
- Hvornår ankommer toget **til** Aalborg?
- Det ankommer klokken 18.13 i **aften**.
- Skal jeg **skifte** tog undervejs?
- Nej, det er et direkte **lyntog**.
- Hvor meget koster **billetten**?
- **Tur-retur**?
- Nej tak, bare en **enkeltbillet**.
- En standardbillet på **anden** klasse koster 364 kroner.
- Hvad koster det at tage min **cykel** med?
- Du skal købe et **klippekort** til 60 kroner for fem **klip**.
- Jeg vil gerne have både en billet til Aalborg og et **cykelklippekort**. Har jeg brug for en **pladsbillet**?
- Nej, men i **weekenden** er det en god idé.

6

1. årskort • 2. klippekort • 3. returbillet • 4. enkeltbillet • 5. månedskort • 6. pladsbillet

7

1. Den der … • 2. Den her … • 3. … de her … • 4. Det der … • 5. … de der …

8

1. De her færger sejler til Sverige.
2. De her toge er lange.
3. Kan du se de der små både?
4. Kender du de der motorcykler?

9

1. op, Oppe … • 2. ud, ude • 3. nede, ned • 4. ind, inde • 5. hjem, hjemme • 6. henne, hen

10

- Undskyld, kan du vise mig vejen til posthuset her fra supermarkedet?
- Ja, du skal køre lige ud ved lyskrydset. Og så skal du dreje til venstre i næste lyskryds. Derefter skal du dreje til højre anden gang i rundkørslen. Så ligger posthuset på højre hånd. Du kan parkere på venstre side.
- Mange tak for hjælpen.
- Det var så lidt.

11

1. a. Jeg har lige købt en billet.
1. b. Jeg købte en billet i går.
2. a. Vi har taget bussen i tre år.
2. b. Vi tog bussen i søndags.
3. a. Toget ankom klokken 18.15.
3. b. Toget er lige ankommet.
4. a. Jeg har ventet på S-toget længe.
4. b. Også i morges ventede jeg på det.

13

1. Hvor langt [a] er der fra [a] København [a] til Skagen [ä]?
2. Lasse [ä] kører altid [ä] på arbejde [a] på knallert [ä].
3. Lars [a] og Gustav [a] tager [ä] en taxa [a][ä] sammen [a].
4. Der er ikke langt [a] fra [a] børnehaven [ä] til parken [a].
5. Regionaltoget [ä] afgår [a] nu.
6. Der var [a] en trafikulykke [a] i Nørregade [ä] i dag [ä].

14

1. Tager du bussen på arbejde? / Kører du med bus på arbejde?
2. Hvor skal jeg skifte?
3. Hvornår (af)går toget?
4. Turen tager et kvarter.
5. Jeg har brug for en enkeltbillet.
6. Hvor skal jeg stige af?
7. Jeg tager en taxa hjem.
8. Undskyld, hvordan kommer jeg hen til …? / Kan du vise mig vejen til …? / Hvordan finder jeg hen til …?
9. Du skal dreje til venstre.
10. Skal jeg gå lige ud?

13 Campingliv

1

1. rigtigt • 2. forkert • 3. forkert • 4. rigtigt • 5. forkert • 6. rigtigt • 7. forkert • 8. rigtigt

2

- Har I en plads til **os**? Vi vil helst have en plads **ved** vandet.
- Vi har forskellige ledige pladser, men **ingen** direkte ved vandet.
- Det var **ærgerligt**.
- Men vi har nogle andre pladser, **som** er meget fine. I har **udsigt** over vandet der.
- Det lyder **godt**. Er det tilladt at tage hunde med?
- Ja, det er det. **Hvor** mange personer er I?
- Vi er to **voksne**, to **børn** og en **hund**. Hvilken plads kan du anbefale?
- Prøv at kigge på den der plan **over** campingpladsen, **som** hænger på væggen. Jeg kan **anbefale** dig plads nummer 37. Det er en **god** plads, som har en **flot** udsigt over vandet. Den koster 373 kroner i alt pr. dag inklusive **strøm**.
- Er der en **købmand** i nærheden?
- Ja, der er én i den **næste** by, fem **minutters** kørsel herfra.
- Kan jeg købe **postkort** her?
- Nej, jeg beklager, men i kiosken **derovre** kan du sikkert købe **nogle**.
- Er **der** tørretumblere?
- Ja, **de** er i vaskerummet.
- Er der **nogen** hoppepuder på campingpladsen?
- Nej, **desværre** ikke.
- Er der **trådløst** internet?
- Ja, mod **betaling**.
- Er det for resten tilladt at køre med bil på **stranden**?
- Kun på den **venstre** side. På den **højre** side er det forbudt.

3

1. fælleskøkken • 2. postkasse • 3. puslerum • 4. legeplads

4

1. en, nogen • 2. nogen, et • 3. noget, noget • 4. nogen, nogen • 5. en, nogle

6

1. som / der • 2. (som) • 3. som / der • 4. som / der • 5. som / der • 6. som / der • 7. som / der

7

1. De spiller tit bordtennis i motionsrummet, som / der ligger bag swimmingpoolen.
2. På campingpladsen står der mange campingvogne, som / der er smukke.
3. Vi holder ferie på en campingplads, (som) vi er godt tilfredse med.
4. Campingpladsen ligger tæt ved stranden, som / der er fuld af muslinger.
5. Jeg leder efter puslerummet, som / der ligger ved toiletterne.
6. Vi bor i en hytte, (som) vi ikke kan lide.

8
3. • 4. • 6. • 8. • 9. • 10. • 12.

9
1. Jeg vil **ikke** overnatte på campingpladsen.
2. Du ved, at jeg **ikke** vil overnatte her. (Du ved ikke, ...)
3. Kan du sige mig, hvorfor du **ikke** vil overnatte her? (Kan du ikke sige mig, ...?)
4. Han slår **ikke** teltet op nu.
5. Han vil **ikke** slå teltet op nu.
6. Han siger, at han **ikke** vil slå teltet op nu. (Han siger ikke, ...)

10
1. har overnattet, overnattede • 2. har slået, slog • 3. tog, har taget • 4. har fundet, fandt • 5. har boet, boede

12
1. Lise [i][ɛ] vil [I] kun overnatte [ɛ][ɛ] én [e] nat i [i] telt [ɛ].
2. Christa [I] vil [I] vide[i][ɛ], hvor hun finder [I][ɛ] vaskemaskinen [ɛ][i][ɛ].
3. Er [ɛ] det [ɛ] tilladt [I] at køre [ɛ] med [ɛ] bil [i] på stranden [ɛ]?
4. Her [e] er [ɛ] vejret [e][ɛ] rigtig [I][I] fint [i].
5. De [i] leder [e][ɛ] efter [ɛ][ɛ] Jens [ɛ] og Lene [e][ɛ].
6. Han siger [i][ɛ], at han spiste [i][ɛ] én [e] stor fisk [I].
7. Børnene [ɛ][ɛ] slog teltet [ɛ][ɛ] op for flere [e][ɛ] minutter [I][ɛ] siden [i][ɛ].

13
1. Vi er to voksne og tre børn.
2. Hvad / Hvor meget koster en enkelt overnatning?
3. Campingpasset er fra sidste år.
4. Hvor langt er der til den næste købmand?
5. Hvor finder jeg ildslukkeren?
6. Jeg har ikke nogen / ingen cykel.
7. Jeg tror, at det er forkert. / Jeg tror ikke, at det er rigtigt.

14 Livsforløb

1
bryllupsfest

2
at aftjene sin værnepligt
at begynde sin værnepligt, i børnehave, en uddannelse, i vuggestue, på universitetet, i skolen, på gymnasiet
at gå i børnehave, i skole, på gymnasiet, i lære
at læse på universitetet
at tage eksamen
at være i skole/n, i lære, i børnehave, i vuggestue, på universitetet, på gymnasiet

3
at læse flere sprog, sit modersmål, til civilingeniør, til lærer • **at fortsætte** på gymnasium, på universitetet, med forberedelserne, med noget • **at få** god kontakt, statsborgerskab • **at have travlt** med forberedelserne, med noget, på universitetet, på gymnasium • **at planlægge** rejsen, bryllupsfesten • **at arbejde** som stewardesse, som afdelingschef, på universitetet, på gymnasium • **at tale** sit modersmål, flere sprog

6
1. hendes • 2. sit • 3. sin • 4. hans • 5. sit • 6. hans / hendes • 7. sin • 8. sin • 9. hendes • 10. hans / hendes

7
1. sin, hendes • 2. sin, deres • 3. sin, hendes • 4. hans, hans • 5. sin, sit • 6. hans, Deres ...

9
1. Søren havde ringet til hotellet.
2. Trine havde reserveret et dobbeltværelse.
3. De havde fundet passene.
4. De havde købt to vejkort.
5. De havde kontrolleret bilen.
6. De var kørt til Tyskland i bil.
7. De var gået mange ture i München.

10

1. om torsdagen • 2. i torsdags • 3. på torsdag • 4. om torsdagen • 5. på torsdag • 6. i torsdags • 7. på torsdag • 8. i torsdags

11

I Danmark er der mange, som bor sammen **uden** at være gift. Samlevere er **på** mange områder ligestillet **med** gifte par; det gælder især, **når** de har børn sammen. Den danske folkekirke er en statskirke. Man har **altså** ikke to vielsesceremonier som i Tyskland. **Hvis** man tilhører en ikke anerkendt kirke **eller** overhovedet ingen kirke, kan man blive gift **på** rådhuset. Hver især kan beholde **sit** efternavn eller tage et **fælles** efternavn. Der er også mange par, som vælger et dobbeltnavn. **Til** kirkebrylluppet er bruden **for** det meste klædt i hvidt med lang kjole og slør. **Efter** vielsen holder man en stor fest **med** familie og venner. **Ved** bordet holder man taler, og man synger sange med egne tekster **til** kendte melodier. Festen holdes ofte **i** et forsamlingshus, **på** en kro eller **på** et hotel. Ifølge statistikken går hvert tredje ægteskab **i** opløsning efter nogle få år.

12

1. Morten [ɔ] går i skole [o] i Odense [o].
2. Ole [o] har god [o] kontakt [ɔ] til sin farbror [o].
3. Min kone [o] overnatter [ɔ] ofte [ɔ] på hotel [ɔ] og [ɔ] spiser på en kro [o].
4. Lone [o] har to [o] modersmål [o] og [ɔ] dobbelt [ɔ] statsborgerskab [ɔ].
5. Bo [o] er forelsket [ɔ] i damen, som [ɔ] bor [o] overfor [ɔ][ɔ] ham.
6. De kontrollerer [ɔ][ɔ] bilen og [ɔ] køber et nyt vejkort [ɔ], inden de holder [ɔ] ferie.

13

1. Jeg gik i lære fra … til …
2. Aftjente du din værnepligt?
3. Klaus skal hente sin kone.
4. Jeg har fået en vaccination før rejsen.
5. Hvornår skal de fejre guldbryllup?
6. Tilhører du folkekirken / den danske statskirke?
7. Jeg vil gerne holde en tale.
8. Brudeparret længe leve! / Et trefoldigt hurra for brudeparret! / Skål for de nygifte!

15 Om mennesker og følelser

3

Kjolen passer fantastisk til dine øjne! • Buffeten er storartet! • Alle retterne er superdejlige. • Du ser flot ud i dit nye jakkesæt! • Sikke en herlig buffet I har arrangeret!

4

1. fejrer • 2. har gledet • 3. meldte • 4. købte • 5. har snakket

5

1. blid • 2. morsom • 3. tålmodig • 4. stærk • 5. ufornuftig • 6. rar / behagelig • 7. interesseret • 8. uvenlig

8

brun: 1. brune • 2. brunt • 3. brunt
grå: 1. grå • 2. grå • 3. gråt
lille: 1. små • 2. lille • 3. små
morsom: 1. morsomme • 2. morsom • 3. morsomt

9

1. mørkt • 2. kort • 3. krøllet • 4. stor • 5. små • 6. tyk • 7. kraftig / buttet • 8. lav

12

at være fornærmet • irriteret • rasende • krænket • fornøjet • glad • bedrøvet

15

1. Vi holder sølvbryllup [ʊ] ude [u] i haven.
2. Til jul [u] skal du [u] se super [u] flot ud [u].
3. Jeg er fornuftig [ʊ] og går hjem nu [u].
4. Han meldte afbud [u] til vores møde i næste uge [u].
5. Der er vaskerum [ʊ] med tørretumblere [ʊ].

16

1. Vi mødes på Hotel Danmark.
2. Jeg gleder mig til festen. / Jeg kommer gerne til festen.
3. Var det morsomt?
4. Hun har mellemlangt, mørkt hår.
5. Har han fuldskæg?
6. Hun / Han har briller.

7. Er han / hun / du i dårlig humør?
8. Han / Hun har humor.

Test 3

1. Ordforråd

egenskab: blid, fornuftig, hård, kedelig, likegyldig, morsom, rar, stærk, ubehagelig, utålmodig
følelse: bedrøvet, fornærmet, fornøjet, irriteret, krænket, ophidset, sur, tilfreds, ubehagelig
udseende: fuldskæg, kedelig, kraftig, lav, morsom, skaldet, slank, spinkel, tyk, tynd, ubehagelig

2. Læseforståelse

Nyhavn: billede nr. 4
Børsen: billede nr. 3
Operahuset: billedet nr. 1
Den Sorte Diamant: billede nr. 5
Den lille Havfrue: billede nr. 2

3. Lytteforståelse

1. (–) • 2. (–) • 3. (+) • 4. (+)

4. Kommunikative udtryk

Jeg har haft stærk hovedpine siden i går aftes. • Jeg ved ikke, om jeg har feber. • Hvad fejler jeg? • Kan jeg få en recept? • Skal jeg blive i sengen? • Mange tak og farvel.

5. Grammatik

1. har bestilt • 2. var • 3. har prøvet • 4. fandt • 5. hentede • 6. har inviteret • 7. ønskede

16 Bilisme

1

blinklys, blinklygte • sidespejl, (sidelys) • reservehjul, reservedel • nærlys • vinterdæk • sommerdæk • fjernlys • håndbremse • forlygte, fordæk, forhjul • bagspejl, baghjul, baglys, baglygte

3

1. hentes / inspiceres / repareres • 2. købes / hentes / skiftes • indstilles / inspiceres / repareres • 3. købes • 4. skiftes / inspiceres / repareres • 5. hentes / inspiceres / repareres

4

1. Bilen skal hentes klokken 11. • 2. Bagagerummet kan ikke åbnes. • 3. Pengene kan også veksles i Frankrig. • 4. Vejkortene skal bestilles på internettet. • 5. Pungen må ikke glemmes i bilen. • 6. Vejen kan godt findes med GPS.

5

1. bliver • 2. blev • 3. er … blevet • 4. var … blevet

6

1. Erik sagde, at han ville klage over regningen.
2. Han spurgte, om dækket var blevet skiftet.
3. Mekanikeren svarede, at dækket var blevet skiftet.
4. Erik ville vide, hvorfor han også skulle betale for 1½ liter olie.
5. Mekanikeren forklarede, at der ikke havde været nok olie på bilen.

7

1. stod, har stået • 2. så, har set • 3. spurgte, har spurgt • 4. indtastede, har indtastet • 5. tog, er taget • 6. solgte, har solgt

8

1. havde han drukket kaffe • 2. havde han røget en cigaret • 3. var han gået på toilettet • 4. havde han set på vejkortene • 5. havde de taget et sidste billede

9

1. e., f. • 2. b. • 3. d. • 4. c. • 5. f. • 6. a. (c., f.) • 7. g.

10

1. for at • 2. om • 3. at • 4. men • 5. fordi •
6. selvom • 7. når

13

1. Ylva [y] fik nye [y] lygter [ø], inden hun kørte [ø] afsted.
2. Man skal altid spørge [ö], om man må ryge [y] i bilen.
3. Vi har et møde [ø] på lørdag [ö] for at finde en løsning [ø].
4. Før [ö] vi byggede [y] hus, købte [ö] vi en lille kolonihave.
5. Synes [y] du, vi skal skifte tændrørene [ö]?

14

1. Hvornår bliver bremselyset repareret / skal bremselyset repareres?
2. Jeg vil gerne have indstillet lyset. / Jeg vil gerne, at lyset skal indstilles.
3. Lyset er ikke blevet indstillet.
4. Skal olien skiftes?
5. Hvorfor er arbejdslønnen så høj?
6. Dækket er punkteret.
7. Hvor er advarselstrekanten?
8. Det har du ret i. / Du har ret.

17 Erhverv

1

1. skolelærer • 2. tjener • 3. frisør • 4. bager •
5. tandlægen • 6. ekspedient • 7. automekanikeren •
8. slagter • 9. pædagog • 10. tømrer

2

1. automekaniker • 2. brandmand • 3. butiks-assistent • 4. cykelbud • 5. jordemor •
6. lægesekretær • 7. politibetjent • 8. renovations-arbejder • 9. sygeplejerske • 10. telefoninterviewer

4

1. a. • 2. a. • 3. b. • 4. a.

5

arbejdsgiver, -erfaring, -løn, -tid, -dag, -klima

7

1. hun er • 2. hun ikke er • 3. hun får •
4. hun forstår • 5. har hun • 6. Roskilde ikke er

8

1. rigtigt • 2. forkert • 3. forkert • 4. forkert •
5. rigtigt • 6. forkert

9

5 • 10 • 1 • 11 • 2 • 7 • 4 • 3 • 9 • 6 • 8

10

1. længere, end • 2. stort som • 3. tidligere end •
4. det vigtigste

11

få, færre, færrest, de færreste
lille, mindre, mindst, den / det / de mindste
mange, flere, flest, de fleste
lang, længere, længst, den / det / de længste
dårlig / slem, værre, værst, den / det / de værste
meget, mere, mest, det meste

12

at gemme et dokument, en fil, en e-mail, en vedhæftet fil
at modtage et dokument, en fil, en e-mail, en vedhæftet fil
at downloade et dokument, en fil, et program, et link, en vedhæftet fil
at åbne et vindue, en hjemmeside, en fil, et program, et link, en e-mail, en vedhæftet fil
at slukke en computer
at forstørre en hjemmeside, et dokument, et vindue
at surfe på nettet
at tænde for en computer
at lukke et vindue, et dokument, en fil, et program
at søge en hjemmeside, et program, en e-mail
at sende et dokument, en fil, et link, en e-mail, en vedhæftet fil
at printe et dokument
at slette et dokument, en fil, et program, en e-mail
at skrive et kodeord, et dokument, en e-mail
at klikke på en hjemmeside, et dokument, en fil, et link, en e-mail, et vindue
at formindske en hjemmeside, et dokument, et vindue
at indtaste et kodeord

14

1. Henrik sælger [æ] fine møbler af træ [ä].
2. Lægen [æ] snakkede med den nye sekretær [ä] om hendes ansættelsesdato [æ].
3. Mødet mellem pædagogerne [æ] og lærerne [æ] tog længere [æ] end forventet.
4. Hanne havde næsten [æ] læst [æ] den spændende [æ] bog færdig [ä].
5. Den ældre [æ] dame har brug for hjælp [æ], når det gælder [æ] at tænde [æ] for computeren.

15

1. Har du nogen søde / gode kollegaer?
2. Jeg fremstiller møbler.
3. Jeg kan godt lide at arbejde selvstændigt.
4. Hvor lang er prøvetiden?
5. Jeg skal lige lukke filen.

18 Bolig

1

5.960 kr / md » **ubegrænset** lejeperiode » lejlighed » 85 m² » 3 værelser

Lejlighed, 2. sal, **t. h.**: Utrolig flot og **velbeliggende** lejlighed med **søudsigt**. Lejligheden er beliggende i den **ældste** del af Viborg, tæt ved søen og alligevel midt i centrum. Lejligheden består af **entré**, **badeværelse** med vaskemaskine og tørretumbler, **stor** stue, spisestue, **stort** soveværelse, dejligt **køkken**.
Stand: Total nyistandsat. Med ny **el.** Nye massive 22 mm **trægulve**.

Forudbetalt leje: Kontakt udlejer » Depositum: 17.880 » A / C-forbrug: 800 » Ledig: Straks

3

1. mindre • 2. tættere • 3. mere • 4. flere

4

1. en fin, den fine, fine lænestole • 2. et grønt, det grønne, grønne køkkenborde • 3. en høj, den høje, høje bogreoler • 4. en dyr, den dyre, dyre kommoder • 5. en blå, den blå, blå sofaer • 6. et smukt, det smukke, smukke skabe • 7. et nyt, det nye, nye tæpper

5

1. op • 2. ned • 3. ind • 4. ude • 5. Inde … • 6. ud • 7. oppe • 8. nede

7

1. det • 2. der • 3. det • 4. det • 5. der • 6. det • 7. der • 8. der • 9. det • 10. det • 11. der • 12. der • 13. der • 14. der • 15. det • 16. der • 17. det • 18. det • 19. der • 20. der • 21. der • 22. det, det • 23. det • 24. det • 25. det, der • 26. der, der • 27. det, det • 28. det, det

8

1. a. venligt • 1. b. meget • 2. a. enormt • 2. b. rigtig, her • 3. a. forkert, for tiden • 3. b. også, i dag • 4. a. i går • 4. b. smukt • 5. a. temmelig • 5. b. højt, oppe, på 9. sal

9

Karen sad **indenfor** og så **ud** af vinduet. Det havde regnet **hele dagen**, og det var **meget** koldt. Karen var **alligevel** glad, for hun skulle **snart** på ferie. Hun skulle **helt** til Italien.

11

1. Hun har boet der i 3 måneder.
2. Det er Mortens datter.
3. Nej, de skal drikke en kop kaffe bagefter.
4. Fordi alle rummene er lyse.
5. Christa skal betale 400 kroner mindre i leje; til gengæld skal hun være barnepige for deres tre børn af og til.

13

1. Der er en blå [å] håndvask [ɔ] i badeværelset.
2. Der står [ɔ] små [å] stole til børnene på [ɔ] terrassen.
3. Vi går [ɔ] måske [å] til fest i gårdhaven [ɔ].
4. Hvornår [ɔ] åbner [å] museerne i sommermånederne [å]?
5. Vi måtte [ɔ] gå [å] til fods gennem gråvejret [ɔ].

14

1. Jeg er ejer af en andelslejlighed.
2. Jeg / Vi planlægger at købe et parcelhus / enfamiliehus.
3. Er der en elevator?
4. Kan der lejes en garage ekstra?
5. Kælderen bliver ikke udlejet. / Kælderen udlejes ikke.

19 I weekenden

2
skuespil

5
1. Hun vil læse en roman af Hanne-Vibeke Holst.
2. Mads flyttede for to uger siden.
3. Ja, det kan han godt.
4. Ja, det skal man helst.
5. Nej, Pernille vil ringe.

6
1. bedste • 2. flere • 3. fleste • 4. største • 5. længste • 6. mere

8
1. Andreas stod og røg på balkonen.
2. Pernille sad og spillede klaver.
3. Christa lå / stod og tænkte på Mads.
4. Mads står og vasker op.
5. Andreas ligger og sover.
6. Pernille står / ligger og kigger på månen.

9
dansende / strålende / nynnende / smilende / syngende • stående • overraskende • forbløffende / strålende / fascinerende • overraskende / forbløffende • strålende / smilende

10
1. tænkende • 2. overraskende • 3. smilende • 4. forbløffende

11
Det **var** søndag aften, og Christa Weber **sad** i sofaen og **læste** en roman af Hanne-Vibeke Holst. Men hun **kunne** ikke koncentrere sig, fordi hun **tænkte** på festen hos Mads. At hun kunne **være** med til en housewarming i Danmark. Sikke en fin fest det havde **været**! Hun havde ikke kun **snakket** meget, men også **danset** mange gange. Og så havde hun **fået** kontakt til Pernilles fætter Mads. De havde **aftalt** at mødes en dag hos Pernille og Andreas. Christa havde meget lyst til at **ringe** til Pernille. Men hun **vidste**, at Pernille havde aftenvagt. Derfor **fortsatte** hun med at læse i romanen.

12
1. både … og … • 2. hverken … eller … • 3. både … og … / enten … eller … • 4. hverken … eller … • 5. både … og … • 6. Enten … eller …

14
Die langen Vokale sind unterstrichen:
Lasse og Lene er lige flyttet til Kolding. De sidder og drikker kaffe i kantinen. Lasse læser, mens Lene snakker med tjeneren. Hun skal have en kop kaffe til. Da hun kommer tilbage til bordet, siger hun: „Jeg vil gerne opleve noget!" og Lasse foreslår, at de tager i svømmehallen og bader. Det synes Lene er kedeligt. Hun vil hellere besøge Karen, som holder en lille fest i gårdhaven. Der kunne de møde nogle af hendes venner og lære nye mennesker at kende. Det ville være mere spændende. Lene og Karen mødtes for fire år siden, da de var på ferie sammen og Lene har ikke besøgt Karen i lang tid. Hun kigger smilende på Lasse og tænker, at han sikkert ikke vil med. Hun bliver meget overrasket, da han siger, at han også har lyst. De beslutter at blive hjemme og hvile sig hele næste dag.

15
1. Jeg er fascineret af kabaret.
2. Vi har ikke brug for en tilmelding. / Vi skal ikke tilmelde os.
3. Jeg gider ikke rigtigt.
4. Jeg er ved at høre musik. / Jeg sidder og hører musik.
5. Jeg vil hverken i skoven eller til stranden.

20 Festlige lejligheder

1
b. Risalamande

2
Christa Weber er lige kommet tilbage **fra** juleferie **hos** sin familie **i** Köln. Hun har haft fri **fra** hospitalet **i** juledagene, og i morgen aften har hun aftenvagt. Det var lidt trist at sige farvel **til** familien, **men** hun har ellers ikke haft hjemve **i** de sidste måneder. Christa er glad **for** sin nye lejlighed og **for** sit arbejde **på** Rigshospitalet. Hun har nogle gode kollegaer og er især glad **for** Pernille Nygård, som hun efterhånden er blevet gode veninder **med**. Det går også rigtig godt **med** at tale dansk, synes hun. Christa har blot været hjemme **i** få timer, **da** telefonen ringer. Det er Pernille.

3
1. blot • 2. ellers ikke • 3. efterhånden

5
Når vi kommer, siger vi ...

... som vært:
Velkommen! Dejligt at I kunne komme! •
Så hyggeligt at se jer! • Kom ind!

... som gæst:
Tak for indbydelsen! • Vi har en lille gave med til dig!

Når vi sidder ved bordet, siger vi ...

... som vært:
Velkommen til bords! • Værsågod, forsyn jer! •
Vil du have lidt mere? • Det glæder mig at det smagte. • Bruger I sukker i teen?

... som gæst:
Kunne du række mig kartoflerne? • Tak, jeg er forsynet! • Tak for maden. Den var dejlig.

Når vi går, siger vi ...

som vært:
Velkommen tilbage! • Kom snart igen! •
Tak for besøget! Og kom godt hjem!

som gæst:
Tak for i aften! • Det var så hyggeligt! • Tak for en hyggelig aften! • Vi siger tusind tak!

6
Zeichnung: siehe unten

7
1. når • 2. når • 3. hvis • 4. hvis • 5. når •
6. når / hvis

8
1. deres • 2. sit, sin • 3. hendes • 4. sine •
5. hans • 6. hans

9
kød • kolde • ansøgning

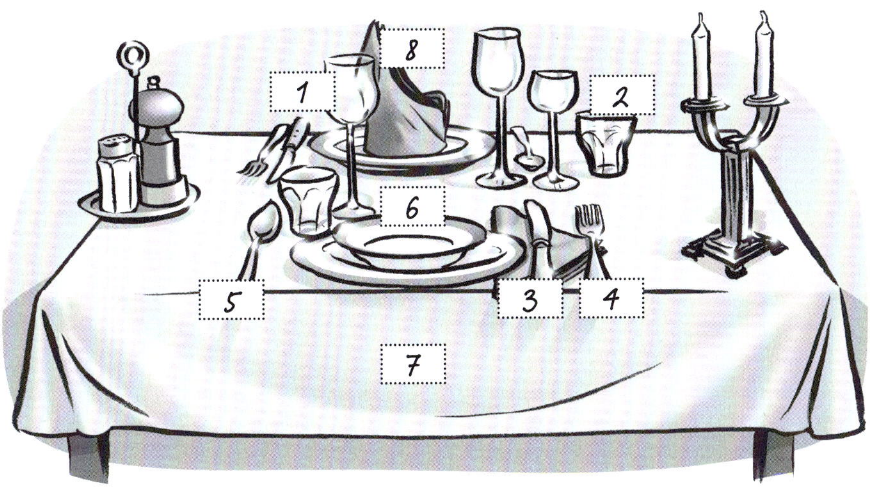

▸ Lektion 20; 6

11
1. kunne • 2. havde • 3. ville, var • 4. kunne • 5. havde, ville • 6. snakkede • 7. havde, ville • 8. ville, spurgte

13
1. Husk at **putte en** mandel i grøden.
2. **Jeg er ikke** sikker på, om hun har haft **fri i** juledagene.
3. **Hvad er der** til julemad? Jeg håber **der er** flæskesteg.
4. Skal **vi ikke** se „90-års-fødselsdagen" sammen?
5. **Det er en** tradition at skyde raketter af, når **alle er** ude.

14
1. Du har brug for to spsk. rasp.
2. Jeg ville ikke købe kjolen.
3. Hvad ville du gøre, hvis du havde flere penge?
4. Glædelig jul!
5. Er det en ny skik?
6. Vil du skyde raketter af ved midnat?

Test 4

1. Ordforråd
waagerecht: 1. påskesøndag • 2. juleaften • 3. Sankthansaften • 4. flæskesteg • 5. mandelgaven
senkrecht: 6. pinsedag • 7. salme • 8. grundlovsdag • 9. nytårstale • 10. kransekage

2. Læseforståelse
2. • 4.

3. Lytteforståelse
1. (–) • 2. (–) • 3. (+) • 4. (+)

4. Kommunikative udtryk
1. b. • 2. d. • 3. e. • 4. g. • 5. j. • 6. a. • 7. h. • 8. c • 9. i. • 10. f.

5. Grammatik
1. ville, kom • 2. havde • 3. kunne • 4. måtte • 5. ønske • 6. skulle, tog • 7. vandt • 8. var, ville

Bildnachweis

4.1 Thinkstock (danefromspain), München; **4.2** Thinkstock (DimplyDimity), München; **5.1** Thinkstock (Lars Christensen), München; **5.2** Thinkstock (Jupiterimages), München; **20.1** Thinkstock (LeshkaSmok), München; **20.2** Thinkstock (MrsWilkins), München; **20.3** Thinkstock (ctrlaplus1), München